W9-AHC-024

Libro de Sinónimos y Antónimos

Thesaurus for Children

Second Edition

Harriet Wittels and Joan Greisman

All inquiries should be addressed to:
Barron's Educational Series, Inc.
250 Wireless Boulevard
Hauppauge, NY 11788
http://www.barronseduc.com

International Standard Book Number 0-7641-2437-4

Library of Congress Catalog Card Number 2003058353

Library of Congress Cataloging-in-Publication Data
Wittels, Harriet.
    Libro de sinónimos y antónimos : Spanish thesaurus for
children / Harriet Wittels and Joan Greisman. — 2. ed.
        p. cm.
    ISBN 0-7641-2437-4 (alk. paper)
    1. Spanish language—Synonyms and antonyms—
Dictionaries, Juvenile. [1. Spanish language—Synonyms
and antonyms—Dictionaries.] I. Title: Spanish thesaurus for
children. II. Title.

PC4591.W58   2004
463'.12—dc22   2003058353

Printed in the United States of America

9 8 7 6 5 4 3 2

To Anita Gottlieb, for helping us tap into her
Spanish heritage—thanks from us,
and all the young people who will use this book.

Introduction

Riddle: What sounds like brontosaurus, but is found on a bookshelf near the dictionaries, not at the natural history museum?

Answer: A thesaurus, of course! A thesaurus is a book that lists synonyms (words that have the same or almost the same meaning) and antonyms (words of opposite meaning). This book will give you many accurate, interesting, and colorful new words to use, in addition to the old ones you already know.

USING THE THESAURUS

Entry Words

The words in this book that have synonyms and antonyms are called entry words. They are listed in alphabetical order, and printed in color:

> **ágil** ligero, rápido, pronto, dinámico
> **agrandar** aumentar, ampliar
> **agregar** juntar, sumar, añadir

Look in the "A" section for the entry word that comes before "accidente." (Answer: "acaudalado.") Now look in the "B" section for the entry word that comes right after "breve." (Yes,

Presentación

Adivinanza: ¿Qué suena como brontosaurio, pero se encuentra en el estante de libros, cerca de los diccionarios y no en el museo de historia natural?

Respuesta: ¡Un tesauro, por supuesto! El tesauro es un libro que alista sinónimos (palabras que tienen casi el mismo significado) y antónimos (palabras de significado opuesto). *Tesauro para niños* te permitirá usar varias palabras nuevas que son precisas, interesantes y coloridas, además de las palabras que ya conoces.

CÓMO USAR EL TESAURO

Palabras de Entrada

Las palabras en *Tesauro para niños* que tienen sinónimos y antónimos se llaman **palabras de entrada**. Estas palabras se encuentran en orden alfabético y están impresas en color, por ejemplo:

> **ágil** ligero, rápido, pronto, dinámico
> **agrandar** aumentar, ampliar
> **agregar** juntar, sumar, añadir

Busca en la sección "A" la palabra de entrada que viene antes de **"accidente"**. (¿La respuesta? **acaudalado"**). Ahora busca en la letra "B" la palabra de entrada que viene después de **"breve"**. (Sí,

it is "bribón") And under "C," between which two entry words do you find "casa? (Answer: "carta" and "casamiento")

Guide Words

The two words at the top of every page, in color, are called guide words. They are the first and last entry words on each page, and they will "guide" you to all the entry words between them. For example, if the guide words are "clima" and "color," you will find the entry word "coche" on that page. But you will not find the entry word "cómico" on that same page. Now look up the entry word "decidir." What are the two guide words at the top of the page? (Answer: "dañar" and "definir.")

Synonyms

Synonyms are words that have the same, or almost the same, meaning. Here are two groups of synonyms:

> **humillado** avergonzado, mortificado
> **humorístico** cómico, gracioso, jocoso

Synonyms can usually be substituted for one another in a sentence:

> **moda** uso, novedad, boga, estilo
>
> Los pantalones de dril azul están de *moda*
> Los pantalones de dril azul están ahora en *uso*
> Los pantalones de dril azul son ahora una gran *novedad*
> Los pantalones de dril azul están ahora en *boga*

"bribón"). Mira en la "C" cuáles son las dos palabras de entrada entre las que se encuentra la palabra "casa". (Respuesta: "carta" y "casamiento").

Palabras de Guía

Las dos palabras, en color, situadas en la parte superior de cada página se llaman palabras de guía. Estas indican la primera y la última palabra en cada página, y serán tu "guía" para todas las palabras entremedias. Por ejemplo, si las palabras de guía son "clima" y "color", encontrarás la palabra "coche" en la misma página. Pero no encontrarás la palabra "cómico" allí. Ahora busca la palabra "decidir". ¿Cuáles son las dos palabras de guía en la parte superior de la página? (Respuesta: dañar y definir.)

Sinónimos

Sinónimos son palabras que tienen el mismo o casi el mismo significado. Aquí tenemos dos grupos de sinónimos:

> **humillado** avergonzado, mortificado
> **humorístico** cómico, gracioso, jocoso

Los sinónimos generalmente pueden intercambiarse en una frase; por ejemplo:

> **moda** uso, novedad, boga, estilo

> Los pantalones de dril azul están de *moda*
> Los pantalones de dril azul están ahora en *uso*
> Los pantalones de dril azul son ahora una gran *novedad*
> Los pantalones de dril azul están ahora en *boga*

Los pantalones de dril azul son ahora de bello *estilo*

But sometimes synonyms cannot be substituted for one another in a sentence:

partido contienda, encuentro, juego

Hoy tuvimos un *partido* de fútbol
Hoy tuvimos un *encuentro* con el director
Hoy tuvimos una *contienda* con nuestros enemigos

You realize that "hoy tuvimos una contienda de fútbol" is not a correct sentence.
When you look up a word in this book, you may find that not all of the synonyms fit correctly in your sentence. You will have to use common sense and good judgment in choosing the right word.

Antonyms

A word that has the opposite meaning to that of the entry word is called an **antonym**. Antonyms are printed in **boldface** and appear after the synonyms:

gustar querer, desear, apetecer **disgustar**
lejos lejano, remoto, alejado **cerca**

For example:

A ella no le gusta el pelo *corto* y lo usa *largo*

The word **"largo"** is the antonym of the word **"corto."**

Los pantalones de dril azul son ahora de bello *estilo*

Sin embargo, a veces los sinónimos no son intercambiables, como en el siguiente ejemplo:

partido   contienda, encuentro, juego

Hoy tuvimos un *partido* de fútbol
Hoy tuvimos un *encuentro* con el director
Hoy tuvimos una *contienda* con nuestros enemigos

Tú te das cuenta de que "hoy tuvimos una contienda de fútbol" no es una frase correcta.
Cuando busques una palabra en este libro, te darás cuenta de que no todos los sinónimos son apropiados para la misma frase y deberás utilizar tu sentido común para encontrar la palabra apropiada.

Antónimos

La palabra que tiene el significado opuesto a la palabra de entrada se llama **antónimo**. Los antónimos se encuentran en letras **gruesas** al final del grupo de sinónimos:

gustar   querer, desear, apetecer **disgustar**
lejos   lejano, remoto, alejado **cerca**

por ejemplo:

A ella no le gusta el pelo *corto* y lo usa *largo*

La palabra **"largo"** es el antónimo de la palabra **"corto"**.

Now you try. Look up the entry word in color and find the antonyms to complete these sentences:

Cenicienta era bonita, pero sus hermanastras eran _____ .
Pasó la violencia de la tormenta y vino la _____ .
¡Tan fría que es la luna y tan _____ que es el sol!

Entry Words with More than One Meaning

Some entry words, like "mandar," have more than one meaning. "Mandar" could mean "remitir" and "enviar," but it could also mean "gobernar," "regir," or "reinar." That is why the word "mandar" has two numbers for the two groups of synonyms. Here is another example:

cinta 1. película, film 2. banda, tira

In this book, the entry word "corto" has three meanings. Look up the word "corto, and in the following sentences, find the number of the correct group of synonyms.

El vestido rojo me queda corto. (Answer: 1)
El examen de hoy será corto. (Answer:)
No seas tan corto con las chicas. (Answer:)

How nice! You have just learned how to use this book! Now leaf through it and invent new sentences by exchanging entry words for their synonyms and antonyms. It will be fun, and soon you will know more words than all of your friends!

Ahora ubica la palabra de entrada, en color, y encuentra los antónimos para completar las siguientes frases:

Cenicienta era bonita, pero sus hermanastras eran _____ .
Pasó la violencia de la tormenta y vino la _____ .
¡Tan fría que es la luna y tan _____ que es el sol!

Palabras de Entrada de Varios Significados

Algunas palabras de entrada, como "mandar", tienen más de un significado. "Mandar" puede significar "remitir" y "enviar" pero también puede significar "gobernar", "regir", "reinar". Por eso, la palabra "mandar" tiene dos números para cada uno de los dos grupos de sinónimos. A continuación tenemos otro ejemplo:

cinta 1. película, film 2. banda, tira

En este libro, la palabra de entrada "corto" tiene tres significados. Busca la palabra "corto" y encuentra en las próximas frases el número correcto del sinónimo que le corresponde.

El vestido rojo me queda corto (respuesta 1.)
El exámen de hoy será corto (respuesta   .)
No seas tan corto con las chicas (respuesta   .)

¡Qué bien! ¡Haz aprendido a usar este libro! Hojea ahora las páginas siguientes, inventa frases y juega a cambiar una palabra por su sinónimo o antónimo. Es divertido y además, ¡pronto sabrás más palabras que todos tus amigos!

abajo debajo, bajo **arriba**

abandonar dejar, ceder, renunciar, marcharse

abastecer aprovisionar, proveer

abatido triste, deprimido, desanimado, desalentado, decaído **contento**

abarcar ceñir, rodear, contener, comprender

abertura agujero, grieta, rendija

abismo barranco, precipicio

abotonar cerrar, abrochar **desabotonar**

abrasar quemar, consumir

abrazar 1. ceñir, rodear 2. adoptar, seguir

abreviar acortar, reducir, resumir **extender**

abatida

abrigar 1. tapar, cubrir, arropar **desabrigar** 2. proteger, cobijar, amparar

abrir 1. iniciar, comenzar, inaugurar **cerrar** 2. destapar, descubrir

absorber chupar, penetrar, empapar

absurdo increíble, ridículo **sensato**

aburrido pesado, soso, molesto, hastiado **entretenido**

abrazar

aburrimiento tedio, desgana, hastío **entretención**

acarrear

actor

acumular

abusar   maltratar, dañar, aprovecharse

acariciar   rozar, tocar, halagar

acarrear   llevar, cargar, transportar, traer
dejar

acaudalado   adinerado, rico, millonario,
opulento   **pobre**

accidente   percance, infortunio, contratiempo

aceptar   consentir, autorizar, aprobar   **negar**

aconsejar   sugerir, recomendar, indicar

acortar   abreviar, reducir, disminuir   **alargar**

activo   vivo, enérgico, rápido, pronto
inactivo, pasivo

actor   artista, entretenedor, estrella

actual   verdadero, cierto, real

acuerdo   pacto, contrato, armonía, tratado

acumular   juntar, reunir, amontonar
derrochar

acusar   culpar, censurar, delatar

adecuado   suficiente, satisfactorio, propio,
apropiado   **insuficiente, inadecuado**

adelantado   avanzado, delantero   **atrasado**

adherir pegar, encolar **soltar**

adivinar suponer, predecir, imaginar

admirable maravilloso, glorioso, supremo, magnífico, notable

admirador adorador, fanático, hincha

admirar gustar, respetar, apreciar **despreciar**

admitir confesar, reconocer, consentir **negar**

adorar amar, querer, apreciar, estimar, venerar **odiar**

adherir

adormecido soñoliento, amodorrado

adorno decoración, ornamento

adular halagar, elogiar

adulto maduro, mayor de edad **inmaduro**

adversario enemigo, rival, competidor, oponente

advertir 1. notar, ver, observar 2. informar, avisar

admirar

afable amable, atento, cordial **descortés**

afección cariño, ternura, simpatía

afeitar rapar, rasurar, raer

afirmar asegurar, confirmar **negar**

afeitar

3

agarrar

agitar

aguacero

afortunado feliz, suertudo **desafortunado**

ágape banquete, festín

agarrar coger, tomar, atrapar

agenda catálogo, folleto, libreta

ágil ligero, rápido, pronto **torpe**

agitar batir, mecer, sacudir

agonía sufrimiento, dolor, tortura, pena

agradable grato, gustoso, placentero
desagradable

agradecido reconocido, obligado **ingrato**

agrandar aumentar, ampliar **reducir**

agregar juntar, sumar, añadir **substraer**

agrio ácido, acre **dulce**

aguacero lluvia, chaparrón, diluvio

aguantar padecer, soportar, sufrir

ahora inmediatamente, actualmente, hoy

ahorcar colgar

ahorrar economizar, guardar, reservar **gastar**

ajustar arreglar, convenir, adaptar

alabanza elogio, loa, adulación

alargar prolongar, prorrogar, estirar **acortar**

alarido chillido, aullido, grito

alarma susto, temor, sobresalto **calma**

alarmar asustar, atemorizar, inquietar **calmar**

albergar alojar, acoger

alboroto bullicio, bronca, tumulto **quietud**

alegre contento, divertido, animado **triste**

alerta despierto, listo, avispado, vivo **dormido**

alfombra tapete

alistar catalogar, inscribir, anotar

aliviar calmar, mitigar

almohadón cojín

alquilar arrendar

alto elevado, prominente **bajo**

amable afectuoso, cordial, atento

amanecer aurora, madrugada **anochecer**

amar querer, estimar, adorar, apreciar **odiar**

amarrar atar, anclar, asegurar, sujetar

amenazar intimidar, amagar, conminar

alarma

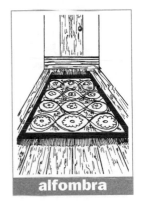

alfombra

alto

anciano

anormal

ansioso

amigo compañero, compinche **enemigo**

amistad afecto, compañerismo, cariño, amor, afectuosidad **enemistad**

amo patrón, jefe, superior

amor cariño, ternura, apego, pasión **odio**

amplio extenso, grueso, ancho **estrecho**

ancho amplio, extenso, grueso **estrecho**

anciano viejo **joven**

ancla áncora

andar caminar, marchar

angosto estrecho, reducido, ceñido **ancho**

angustioso doloroso, lamentable, penoso

anhelo deseo, ansia, sueño, ambición

animal 1. bestia, bruto 2. torpe, ignorante

anochecer atardecer, ocaso **amanecer**

anormal raro, irregular, desigual **normal**

ansia anhelo, deseo, sueño, ambición

ansioso entusiasmado, deseoso, afanoso **tranquilo, despreocupado**

antes anteriormente, primeramente, anticipadamente **después**

antiguo viejo, anticuado **moderno**

antojo capricho, deseo

anunciar declarar, avisar, informar

añadir 1. agregar, completar, suplir **quitar**
2. ampliar **retractar**

apagado opaco, oscuro, débil **brillante**

aparato instrumento, artificio, utensilio, dispositivo

aparecer 1. surgir, brotar, salir, mostrarse
desaparecer 2. llegar, entrar

apartar retirar, alejar, mover **juntar**

apenar afligir, entristecer **alegrar**

apenas escasamente, casi

aplastar estrujar, prensar, comprimir

apostar 1. jugar 2. poner

apoyar 1. descansar, reclinar, recostar
2. sostener, soportar

apreciar gozar, valorar, respetar, admirar
despreciar

aprender estudiar, instruirse, memorizar

apresar aprehender, capturar, arrestar **soltar**

apresurar acelerar, activar, avivar

antiguo

aplastar

apresar

7

apretar

árbitro

apretar comprimir, oprimir, apretujar **soltar**

apropiado conveniente, ajustado, oportuno, propio **impropio**

aprovechar utilizar, usar, explotar **desaprovechar**

aproximadamente cerca de, más o menos, alrededor de **exactamente**

apto competente, capaz, calificado

apuesta jugada, posta

apuro aprieto, dificultad, lío

árbitro mediador, juez

área región, sección, zona

arisco intratable, hosco, huraño **afable**

armar equipar, fortificar, montar **desarmar**

aroma olor, fragancia, esencia

arrancar sacar, quitar

arrastrar halar, remolcar, tirar, acarrear

arrebatar robar, quitar, llevarse

arreglar ordenar, organizar, clasificar

arrendar alquilar

arrepentido penoso, lastimoso, apenado

arrancar

arriesgar atreverse, osar, aventurar

arrojar lanzar, tirar

arruinar destruir, aniquilar, devastar

artefacto instrumento, herramienta, aparato, máquina

artículo 1. narración, relato, noticia 2. detalle, cosa

artificial engañoso, irreal, ficticio

artista actor, estrella, entretenedor

asaltar embestir, atacar, saltear, atracar

aseado limpio, pulcro   **sucio**

asegurar fijar, atar, amarrar   **soltar**

asesinar matar, ejecutar

asiento silla

asignar señalar, nombrar, designar

asir agarrar, tomar, coger   **soltar**

asistir 1. ayudar, socorrer 2. concurrir, ir

asociar reunir, agrupar   **separar**

asombroso sorprendente, fascinante, maravilloso

arruinar

artefacto

asiento

asustar

atar

atraer

áspero   1. grosero, rudo, vulgar, basto   **cortés**
2. burdo, escabroso, grueso   **plano**

asqueado   repugnado, nauseado

astuto   hábil, pícaro, avispado, listo, sagaz

asustar   alarmar, atemorizar, espantar   **calmar**

atacar   asaltar, saltear, agredir

ataque   crisis, arrebato, patatús

atar   pegar, juntar, amarrar, unir, liar   **desatar**

atención   cortesía, consideración, reflexión
desatencion

atender   1. ir, estar presente   2. observar, mirar

atentado   intento, prueba

aterrizar   descender, bajar   **despegar**

aterrorizar   asustar, espantar, horrorizar

atisbar   espiar, acechar

atlético   deportivo

atractivo   hermoso, bello, bonito, buen mozo
feo

atraer   captar, llamar   **rechazar**

atrapar   coger, agarrar, pillar, pescar   **soltar**

atrás 1. detrás   **adelante**   2. antes, anteriormente

aturdido atontado, confundido

audaz atrevido, valiente, arrogante, altanero **timido**

aullar gritar, chillar   **callar**

aullido grito, chillido, alarido

aurora amanecer   **anochecer**

ausente fuera, ido   **presente**

autógrafo firma

automóvil auto, carro, vehículo, coche

autor 1. escritor, literato 2. causante

avaluar valuar, estimar, tasar

avance progreso, marcha, adelanto **retroceso**

avaro tacaño, mezquino, cicatero   **generoso**

averiguar buscar, indagar, investigar

aversión rechazo, repugnancia, desagrado, odio   **atracción**

avión aeroplano, jet

avisar advertir, alertar, anunciar

audaz

aurora

PELIGRO

avisar

ayuda

avispado despierto, listo, vivo

auxilio socorro, ayuda

ayuda asistencia, apoyo, soporte, auxilio

ayudante colaborador, asistente

azotar pegar, zurrar

bailar danzar, bailotear

bajar 1. descender **subir**
2. disminuir **aumentar**

bajo 1. abajo, debajo **arriba**
2. chico, pequeño, chaparro **alto**

balancear equilibrar, estabilizar

balde cubo

banda 1. orquesta 2. equipo, grupo

bandera insignia, pendón, estandarte

bandido ladrón, sinvergüenza, malhechor

banquete ágape, festín, fiesta

bañar sumergir, mojar, lavar

bar cantina, taberna

barato módico, económico, ganga **caro**

barco embarcación, nave

barrer limpiar, escobar

barriga estómago, panza, vientre, buche, abdomen

barrio vecindario, comunidad

barro lodo, fango, cieno

básico esencial, principal, fundamental

balancear

barrer

basura

billete

blando

bastante suficiente, asaz

basura desperdicios, deshechos

batalla pelea, guerra, combate, conflicto

bazar mercado, emporio

bebé nene, infante

beber ingerir, tomar, libar

bello bonito, hermoso, lindo, atractivo   **feo**

bendecir alabar, ensalzar, glorificar   **maldecir**

beneficioso útil, provechoso, lucrativo   **inútil**

benigno 1. moderado, templado 2. benévolo, amable

berrinche rabieta, pataleta

bestia animal, bruto

bienvenida saludo, parabién, acogida

billete boleto, entrada, papeleta

biombo mampara

bizcocho tarta, torta, pastel

blanco albo, níveo   **negro**

blando suave, mullido, flojo   **duro**

bloquear 1. obstruir, obstaculizar, estorbar
2. impedir   **permitir**

bochornoso caluroso, húmedo

boda casamiento, enlace, nupcias, matrimonio, unión   **divorcio**

bodega depósito, despensa, almacén

boga moda, novedad, uso

bogar remar

boletín anuncio, mensaje

boleto billete, tarjeta

bolsa saco, funda, morral, talego

bolso cartera, maletín

bondadoso bueno, benévolo, virtuoso
malvado

bonito atractivo, hermoso, bello, lindo   **feo**

borde orilla, margen, extremo

borracho bebido, ebrio, embriagado

borrar anular, suprimir, esfumar, eliminar

bosque floresta, selva

bosquejo esbozo, diseño

bloquear

bolso

bosque

15

bravo

botar 1. arrojar, echar, lanzar **tomar**
2. despedir **emplear**

boticario farmacéutico

boxear pelear, pegar

bravo valiente, valeroso **cobarde**

brecha boquete, abertura

breve 1. corto, conciso **largo, extenso**
2. rápido, fugaz **prolongado**

bribón pillo, canalla

brillante inteligente, sobresaliente **estúpido**

brillar 1. iluminar, resplandecer 2. pulir,
encerar

brincar saltar

brincar

brío ánimo, valor

broma chiste, chanza, gracia, jarana

brotar salir, manar

bruma niebla, neblina

brutal bestial, feroz, salvaje

buche panza, barriga, vientre, abdomen

broma

bueno 1. bondadoso, benévolo **malo**
2. útil, provechoso

bullicio alboroto, ruido, estrépito   **silencio**

bullir hervir, agitarse

buque barco, embarcación, navío

burdo tosco, basto   **delicado**

burla mofa, desprecio, engaño

burlar 1. engañar 2. evitar

burro asno, borrico

buscar averiguar, indagar, investigar

búsqueda investigación, exploración

butaca asiento, silla

buque

buscar

cabaña

caja

cabaña choza, barraca

cable 1. cuerda, alambre, hilo 2. telegrama

cacique jefe, líder, guía

cadena fila, continuación, grupo

caer bajar, descender, derrumbar, desplomar **subir**

cafetería restaurante

caída ruina, derrumbe

caja recipiente, cajón

calamidad desgracia, infortunio, mal, desdicha **éxito**

calcular contar, estimar, figurar, evaluar

calidad clase, categoría

cálido caliente, caluroso, ardiente **frío**

calificado competente, capaz, importante

callado silencioso, discreto, tácito **ruidoso**

calle vía, carretera, avenida

callejón pasillo, pasadizo, corredor

calma tranquilidad, sosiego, serenidad **alarma, sobresalto**

calmar tranquilizar, aplacar, mitigar **alarmar**

calmoso quieto, sereno, tranquilo **nervioso**

calvo pelado **peludo**

calzón braga, bombachas, pantaletas

cama lecho, catre

cambiar trocar, reemplazar, convertir, mudar
mantener

cambio permuta, canje, intercambio

caminata paseo, excursión, salida

camino curso, dirección, recorrido, órbita, vía

campeón vencedor, ganador **perdedor**

campo terreno, pradera, cultivos, campiña,
sembrados

canalla pillo, bribón

cancelar anular, borrar

canción melodía, tonada, copla, aire

candidato aspirante, pretendiente

canje trueque, cambio, permuta, intercambio

cansado fatigado, agotado, agobiado
dinámico

cantar entonar, canturrear

cantidad número, dosis, porción, cuantía

campeón

cansada

cantar

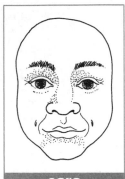

cara

carrera

casa

cantina taberna, restaurante

capacidad cualidad, aptitud, competencia **incapacidad**

capítulo episodio, sección

capricho antojo, fantasía

capturar aprehender, prender, apresar **soltar**

cara rostro, faz, fisonomía, semblante

carácter personalidad, genio, condición

carga 1. peso, fardo 2. deber

cariño afecto, amor, halago, mimo

carrera competencia, maratón

carretera vía, ruta, camino, pista, sendero

carta mensaje, epístola, misiva

casa vivienda, domicilio, hogar

casamiento boda, matrimonio, unión, enlace, nupcias **divorcio**

caso 1. suceso, acontecimiento 2. asunto, materia

castigar sancionar, penar **perdonar**

catálogo lista, directorio

catástrofe desgracia, desastre, calamidad

categoría grupo, grado, nivel, calidad, importancia

causa 1. origen, fundamento **efecto** 2. motivo

cavar excavar, socavar, ahondar

celebrar festejar, conmemorar

cementerio camposanto, necrópolis

centro medio, núcleo, mitad **extremo**

ceño gesto, sobrecejo

cercano vecino, próximo **lejano**

cerrar tapar, cubrir **abrir**

cesar parar, terminar **iniciar**

césped pasto, hierba

chance oportunidad, suerte

chapucero tosco, grosero

charlar conversar, hablar, comentar **callar**

chequear revisar, inspeccionar, controlar

chico pequeño, diminuto **grande**

chillido grito, aullido, alarido

chisme murmuración, cuento, rumor

cavar

chapucero

chisme

cicatriz

ciudad

clavar

chiste gracia, broma, burla, chanza

chistoso gracioso, cómico

chocar golpear, pegar, tropezar

choza cabaña, barraca

chusma gentuza, populacho, multitud

cicatriz costurón, señal

ciclo repetición, sucesión, serie

cierto verdadero, seguro **incierto**

cima cumbre, cúspide, pico

cinta 1. película, film 2. banda, tira

cita citación, compromiso, obligación

ciudad urbe, metrópolis, población

ciudadano vecino, residente, habitante

clandestino ilegal, prohibido, ilícito

claro brillante, vivo, luminoso **oscuro**

clase categoría, tipo, género

clasificar ordenar, catalogar, arreglar

clavar fijar, sujetar, asegurar

cliente comprador, parroquiano

clima temperatura, tiempo

club círculo, asociación

coartada disculpa, excusa

cobarde tímido, miedoso, temeroso **valiente**

cobija manta, frazada

cocer cocinar, guisar

coche automóvil, carro, auto, vehículo

coche

código 1. leyes, reglas 2. clave

cofre arca, caja, joyero

cojín almohada

cola 1. rabo 2. fin

colección conjunto, grupo, serie

colectar

colectar acumular, reunir, recoger, juntar **dispersar**

colegial estudiante, alumno, becado

cólera enojo, rabia, furia, ira

colgar 1. ahorcar, asfixiar 2. tender, suspender **descolgar**

colocar poner, situar, ubicar **sacar**

color colorido, tono, tinte

colgar

cómico

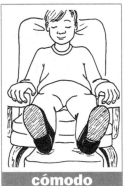

cómodo

compañero

colosal gigante, inmenso, enorme **pequeño**

combate pelea, guerra, conflicto, batalla **paz**

combinar juntar, unir, mezclar **separar**

comediante cómico, actor de comedias

comentar explicar, aclarar, hablar

comenzar empezar, iniciar, principiar **terminar**

comer alimentarse, nutrirse, sustentarse

comerciar mercadear, negociar

confortable cómodo, fácil, agradable **incómodo**

cómico comediante, actor de comedias

comida alimento, sustento

comité grupo, delegación, comisión

cómodo 1. contento, satisfecho **incómodo** 2. abrigado, confortable

compañero amigo, socio, camarada

compañía 1. negocio, empresa 2. convidado, visita

comparar cotejar, equiparar, asemejar

compasión lástima, piedad, misericordia

competente capacitado, experto, hábil, diestro
incompetente

complejo 1. complicado, difícil   **simple**
2. conjunto

completo 1. terminado, acabado, concluido
principio 2. entero, íntegro   **incompleto**

complicado difícil, complejo, enredado
simple

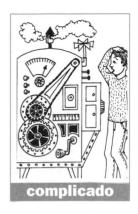
complicado

complot conspiración, intriga

componer arreglar, reparar, ordenar,
restablecer   **descomponer, desarreglar**

comprar adquirir, mercar   **vender**

comprender 1. entender, vislumbrar 2. abarcar,
incluir

computadora computador, ordenador

comprar

común regular, ordinario, general   **especial**

comunicar informar, relatar, anunciar

comunidad 1. distrito, vecindario
2. congregación

conceder dar, otorgar, atribuir

concierto sesión musical, recital

concierto

concluir terminar, acabar, completar, parar
empezar

conducir

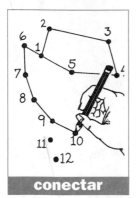

conectar

conquistar

condenar desaprobar, proscribir **absolver**

condición situación, circunstancia, estado

conducir manejar, dirigir, guiar, regir

conducta comportamiento, proceder

conectar unir, enlazar, atar **desconectar**

confiable leal, fiel, franco, honrado, noble

confianza fe, afirmación, esperanza, creencia **desconfianza**

confiar depender, encomendar, encargar **desconfiar**

confidente fiel, seguro

conflicto combate, batalla, pelea, guerra

confundir enredar, turbar, desordenar

congelar helar, enfriar **calentar**

conocer saber, entender **desconocer**

conmoción tumulto, disturbio, confusión **calma**

conquistar vencer, tomar, apoderarse **entregar**

consejo opinión, parecer, aviso

consentimiento permiso, aprobación, asentimiento **negación, rechazo**

conservar retener, preservar   **derrochar**

consideración 1. aprecio, estimación, respeto 2. estudio, reflexión

considerado cortés, amable, atento **desconsiderado**

considerar examinar, reflexionar, estimar

consolar confortar, reanimar

construir hacer, edificar, fabricar   **derribar**

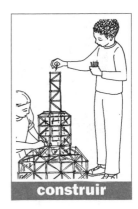
construir

contemplar mirar, considerar

contener incluir, abarcar

contento satisfecho, complacido, feliz, dichoso **descontento**

contestar responder, replicar   **preguntar**

contento

continuamente siempre, constantemente **esporádicamente**

continuar seguir, persistir   **cesar**

contratar negociar, acordar

control comprobación, verificación, examen

convencer persuadir

conveniente provechoso, útil, adecuado **inconveniente**

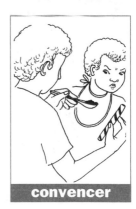
convencer

convenio pacto, acuerdo, arreglo

conversación

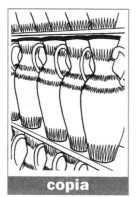

copia

cortar

conversación charla, diálogo, plática

convertir cambiar, tranformar

cooperar colaborar, ayudar   **impedir**

copia reproducción, duplicado, imitación
original

copla canto, estrofa

cordial afectuoso, amistoso   **frío**

corona guirnalda, diadema

corpulento fornido, fuerte, robusto   **flaco,
enjuto**

correa cinturón, ceñidor

correcto 1. exacto, perfecto, justo   **incorrecto,
equivocado** 2. cortés, atento

corredor pasillo, pasadizo, callejón

corregir enmendar, retocar, modificar, mejorar

correr apresurarse, precipitarse

corresponder escribir, comunicar

corriente ordinario, vulgar, común   **especial**

cortadura corte, cortada

cortar tajar, rebanar, dividir, separar

cortés atento, afable, refinado   **rudo**

corto 1. breve, conciso   **largo** 2. pequeño, escaso 3. tímido, apocado

cosechar cultivar, recolectar

costa playa, ribera

costumbre hábito, uso, tradición, práctica

crear hacer, inventar, engendrar, establecer **destruir**

cosechar

crecer desarrollar, madurar, progresar **disminuir**

creer pensar, suponer, estimar

criada sirvienta, asistenta, doméstica

criar nutrir, alimentar, cuidar

crimen delito, fechoría

criminal malhechor, delincuente

criminal

criticar 1. juzgar, analizar 2. censurar, desaprobar

crudo verde, inmaduro, tierno

cruel brutal, despiadado, feroz   **bondadoso**

cruzar atravesar, pasar, entrelazar

cuaderno libreta, agenda, cartilla

cubrir proteger, esconder, tapar, envolver **exponer**

cubrir

cuento

culebra

curar

cuchilla cuchillo, navaja

cuenta suma, total, cálculo, balance

cuentista chismoso, mentiroso

cuento 1. relato, narración, fábula 2. mentira, embuste

cuero piel, pellejo

cuesta pendiente, inclinación

cuestión asunto, caso, tema

cuidadoso atento, vigilante, esmerado **descuidado**

cuidar atender, velar, asistir **descuidar**

culebra serpiente, sierpe

culpa 1. delito, falta 2. causa **inocencia**

culpable criminal, inculpado **inocente**

culpar acusar, censurar **disculpar**

cultivar arar, labrar

cumbre cima, cúspide, pico

cumplimentar alabar, elogiar, felicitar, halagar

cuota parte, cantidad, cotización

curar sanar, restablecer, remediar **enfermar**

curioso indagador, inquisitivo, entrometido, indiscreto

curso camino, dirección, recorrido, órbita, vía

curvar torcer, encorvar, arquear

cúspide pico, cima, cumbre

curiosa

dañar estropear, perjudicar, arruinar, averiar

daño perjuicio, deterioro

dar regalar, ceder, entregar, donar, condeder, otorgar   **recibir**

dato 1. información, documento 2. nota, detalle

debate discusión, argumento, polémica

deber obligación, responsabilidad, compromiso

débil flojo, enfermizo, frágil   **fuerte**

decente correcto, honesto, honrado
indecente

decidir resolver, determinar, acordar

decir hablar, manifestar, explicar   **callar**

declaración explicación, testimonio

dar

declarar decir, exclamar, anunciar

decorar adornar, embellecer, ornar

defecto imperfección, deficiencia, tacha, error
virtud

defender proteger, sostener, amparar   **atacar**

definido claro, preciso, exacto   **incierto**

decorar

definir explicar, describir, aclarar

deformar alterar, desfigurar, estropear

defraudar engañar, estafar, robar

dejar 1. permitir, consentir, tolerar **prohibir**
2. abandonar **tomar**

deleite gozo, placer

delgado flaco, fino **gordo**

deliberadamente premeditadamente, inten-
cionalmente, adrede **accidentalmente**

delicado fino, suave, frágil, sutil **rudo**

delicioso sabroso, apetitoso, rico **desabrido**

delinear trazar, dibujar, pintar

delito culpa, crimen, infracción

demandar pedir, requerir, exigir

demoler derribar, deshacer **restaurar**

demonio diablo, malvado **santo**

demora tardanza, retraso, dilación
puntualidad

demostración exhibición, presentación

demostrar mostrar, presentar, exhibir

denso espeso, compacto, apretado **ralo**

denunciar delatar, informar, declarar

delicioso

demoler

demora

derretir

desagradable

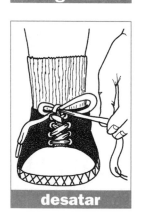

desatar

depositar poner, colocar, confiar   **sacar**

deprimido triste, desanimado, desalentado **contento**

derecho 1. recto, directo, erguido   **torcido** 2. facultad, poder

derramar verter, esparcir, desbordar

derretir fundir, licuar

derribar derrumbar, tumbar, demoler   **erguir**

derrochar malgastar, desperdiciar, disipar **ahorrar**

desafío reto, provocación

desafortunado infeliz, desdichado **afortunado**

desagradable molesto, fastidioso, repugnante **agradable**

desalentado deprimido, abatido, desanimado **alentado**

desaparecer esfumarse, desvanecerse **aparecer**

desarrollar madurar, crecer, prosperar

desastre tragedia, calamidad, catástrofe, desgracia

desatar desconectar, separar, desamarrar   **atar**

desbordar   rebasar, sobrepasar

descansar   1. reposar, yacer   **trabajar**
2. calmarse

descanso   quietud, vacación, respiro, reposo
trabajo

descargar   1. quitar, aliviar, aligerar   **cargar**
2. disparar

descansar

descartar   botar, abandonar, rechazar   **retener**

descender   bajar **ascender**

desconocido   ignorado, anónimo, incierto
conocido

desconsiderado   desatento, malcriado, grosero
cortés

descontento   disgustado, resentido, agraviado
contento

descender

describir   definir, caracterizar, dibujar

descubrir   encontrar, hallar, detectar

descuidado   negligente, desconsiderado,
inconsiderado, abandonado   **cuidadoso**

desdichado   infeliz, desgraciado, miserable
feliz

desecho   sobras, residuo, despojo

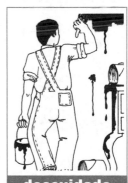

descuidado

deslizarse

desobediente

despacho

desempacar desempaquetar, desenvolver **empacar**

deseo anhelo, ansia, sueño, ambición

desfile parada, revista, procesión

desgracia pena, desdicha, calamidad

deshelar descongelar **helar**

deshonesto inmoral, deshonroso, falso **honesto**

desistir abandonar, dejar

deslizarse resbalarse, escurrirse

deslumbrante brillante, radiante, resplande-ciente **opaco**

desmayarse 1. desvanecerse, desplomarse, 2. flaquear, desalentarse

desnudo desvestido, descubierto **vestido**

desobediente rebelde, indócil **obediente**

desocupado vacío, libre, desalojado **ocupado**

desocupar vaciar, evacuar **ocupar**

desordenado descuidado, desarreglado, desorganizado **ordenado**

despacho oficina, tienda

despedida despido, partida

despedir expulsar, descargar, echar

despejado claro, sereno

desperdiciar derrochar, malgastar, disipar **ahorrar**

desperdicio deshecho, sobra, residuo, resto

despertarse despabilarse, levantarse **dormirse**

despedir

despierto sagaz, listo, avispado, alerta, vivo **obtuso**

despistar perder, desorientar

desplegar desdoblar, desenrollar

despojar quitar, hurtar, robar

destellante brillante, resplandeciente, reluciente

destinar dedicar, fijar

despertarse

destruir arruinar, derrumbar, destrozar, demoler **construir**

desvanecerse esfumarse, desaparecerse, evaporarse **concentrarse**

desvestir desnudar **vestir**

desviar apartar, separar **encauzar**

detener

detener parar, frenar, atajar

dibujar

diestro

difícil

detestar odiar, aborrecer **amar**

devoción fervor, celo, piedad

devolver retornar, restituir

devorar engullir, tragar, comer

diablo demonio, satanás

diagrama esquema, gráfico, figura

dibujar pintar, trazar, delinear, diseñar, esbozar

dicho refrán, proverbio

diestro experto, hábil, perito

diferente distinto, diverso **igual**

difícil duro, complicado, complejo **fácil**

dificultad complicación, inconveniente, obstáculo

digno 1. íntegro, honrado 2. merecedor **indigno**

dilema problema, conflicto, dificultad

dimensión medida, tamaño, magnitud

diminuto pequeño, menudo, enano **enorme**

dinero capital, efectivo, moneda

dirección 1. camino, rumbo 2. lugar

dirigir gobernar, regir, mandar, conducir, manejar, guiar

disciplinar castigar, corregir

discípulo alumno, estudiante

discreción prudencia, tacto, reserva, sensatez **indiscreción**

discrepar disentir, discordar **consentir**

discutir 1. examinar, debatir 2. argüir

disfrazar enmascarar, disimular

disgustado incomodado, descontento, resentido, agraviado **contento**

disimular 1. ocultar, encubrir 2. fingir, simular

disparar tirar, arrojar, descargar

dispensar administrar, ditribuir

dispersar esparcir, diseminar **unir**

dispuesto preparado, listo

disputa debate, pelea, altercado

distinguido elegante, ilustre, noble

distinto 1. diferente, diverso **igual, semejante** 2. claro, definido

distribuir dispensar, dar, repartir

disciplinar

discutir

distinguido

doblar

documento

dormir

distrito territorio, sección, región, área, vecindario

disturbar perturbar, alterar, molestar

divertido jovial, alegre, festivo **aburrido**

dividir separar, partir **unir**

divorcio separación, ruptura **matrimonio**

doblar plegar, torcer

dócil apacible, suave, sumiso, manso

doctor médico

documento título, certificado, dato

dolencia enfermedad, malestar

doler padecer, sufrir

dolor pena, angustia

donación obsequio, regalo

donar contribuir, dar, regalar **robar**

dormir reposar, descansar, yacer **despertar**

dosis porción, ración, trozo

drama escena, melodrama, tragedia

droga medicamento, remedio, narcótico

duda indecisión, incertidumbre **certeza**

duelo 1. desafío, reto 2. dolor, aflicción, pesar

dueño poseedor, amo

dulce suave, agradable, placentero   **amargo**

duplicar copiar, repetir, reproducir

durar 1. existir 2. permanecer, aguantar

duro sólido, firme, fuerte, resistente   **blando**

duplicar

echar lanzar, tirar, expulsar, botar

eclipse ocultamiento, desaparición, ausencia

económico ahorrador, barato

edad tiempo, duración, época

edición publicación, tirada

edificar construir, erigir, levantar **derribar**

editar imprimir, publicar

educar enseñar, instruir, formar

efecto resultado, consecuencia, producto
causa

egoísta egocéntrico, personal **generoso**

ejecutar realizar, hacer

ejecutivo dirigente, administrador, director, gerente

ejemplo modelo, patrón, regla

ejercicio 1. oficio, función 2. gimnasia, deporte

ejército tropa, milicia

elástico flexible **rígido**

elegante distinguido, refinado **ordinario**

elegir escoger, seleccionar

eclipse

egoísta

elemental básico, fundamental, primario
avanzado

elevar subir, alzar, levantar **bajar**

eliminar descartar, remover, excluir **incluir**

elogio alabanza, loa, adulación **censura**

eludir evadir, esquivar

emancipar salvar, librar, liberar, soltar
esclavizar

elevar

embarcadero muelle, puerto

embellecer adornar, decorar, ornar **afear**

embotellamiento congestión, obstrucción,
atasco

embutir llenar, meter

emergencia urgencia, crisis, aprieto

embutir

emocionante conmovedor, turbador,
sentimental

empacar encajonar, empaquetar, embalar

empapado mojado, húmedo **seco**

empezar comenzar, iniciar, principiar
terminar

emplear 1. contratar, colocar **despedir**
2. usar, utilizar

empapada

empujar

encontrar

enfermedad

empleo ocupación, trabajo, oficio, profesión

empujar impulsar, forzar, estimular

encaramar levantar, alzar, subir

encarcelar aprisionar, encerrar, arrestar **liberar**

encargo mandado, misión, pedido

encerar brillar, pulir

encerrado cercado, vallado

encerrar 1. contener, incluir 2. guardar, aprisionar

encontrar descubrir, hallar, encarar   **perder**

encuentro 1. partido, contienda, juego 2. reunión, entrevista

enemigo rival, oponente, adversario, competidor   **amigo**

energía fuerza, poder, vigor

énfasis realce, afirmación

enfermedad dolencia, achaque, malestar **salud**

enfermo doliente, indispuesto   **sano**

enflaquecer adelgazar   **engordar**

enfrentar carear, confrontar

enfurecer enojar, irritar, exasperar **calmar**

engañar mentir, estafar

engaño mentira, estafa

engendrar producir, reproducir, crear

engreído vanidoso, arrogante, presuntuoso
modesto

engullir tragar, devorar

engullir

enigma misterio, secreto

enlace 1. unión, conexión, mediación 2. boda,
matrimonio, nupcias, casamiento

enlazar ligar, unir, atar

enmarcar encuadrar

enmascarar disimular, disfrazar

enojada

enmugrar ensuciar, tiznar, manchar **limpiar**

enojado irritado, molesto, enfurecido

enorme gigantesco, inmenso, colosal
pequeño

enredador chismoso, mentiroso

enredo 1. maraña, lío 2. engaño, mentira

enrolar registrar, matricular, inscribir

enorme

ensanchar extender, dilatar

enseñar

ensuciar

entrenar

ensayar probar, experimentar

ensayo ensayo, prueba, experimento

enseñar instruir, educar

ensuciar tiznar, manchar, enmugrar **limpiar**

entender comprender, concebir, penetrar

entero completo, íntegro, total **parcial**

enterrar sepultar, ocultar, esconder
desenterrar

entorpecer retardar, dificultar, embrutecer

entrar pasar, penetrar, caber **salir**

entregar dar, conceder, facilitar **recibir**

entrenar ejercitar, adiestrar

entretenido divertido, interesante **aburrido**

entusiasta apasionado, admirador
indiferente

enviar remitir, mandar, despachar **recibir**

envidioso celoso

envolver cubrir, tapar, empaquetar, liar
desenvolver

época período, era, tiempo

equilibrio 1. balance, estabilidad
desequilibrio 2. armonía

equipar proveer, surtir, aprovisionar

equipo grupo, tripulación, banda

equivocación falta, error, yerro

erigir elevar, alzar, construir, edificar **demoler**

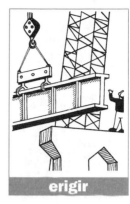

erigir

erosión desgaste, degradación

errabundo vagabundo, nómada

error falta, equivocación, inexactitud

escalar subir, trepar, ascender **bajar**

escape fuga, evasión, salida

escasez 1. insuficiencia 2. penuria, pobreza
abundancia

escasez

escaso corto, poco, limitado **abundante**

escena tablas, escenario

escoger elegir, optar, seleccionar

escolta acompañamiento, guardia

esconder ocultar, encubrir **revelar**

escuchar oír, atender **desoír**

escultura estatua, modelo

esconder

espacioso

espectáculo

esperar

escritura escrito, caligrafía

escuálido delgado, flaco, raquítico **obeso**

esencia 1. ser, naturaleza, carácter 2. aroma, olor, fragancia

esencial importante, necesario, principal, básico **secundario**

esfumarse desvanecerse, desaparecer, evaporarse

espacio campo, zona, área

espacioso ancho, amplio, vasto, extenso

especial singular, adecuado, particular **general**

espectacular fabuloso, maravilloso, espléndido, soberbio, magnífico

espectáculo función, diversión, fiesta

especular 1. comerciar, negociar 2. pensar, meditar

esperar anticipar, aguardar

espiar vigilar, atisbar, observar

espíritu alma, ánima

espita grifo, canilla

espléndido fabuloso, maravilloso, soberbio, espectacular, magnífico

esposa mujer, cónyuge, consorte

esposo cónyuge, consorte, marido

estable invariable, equilibrado **inestable**

establecer fundar, crear, organizar, formar

estación parada, detención

estafa robo, timo, engaño

estampar imprimir

estampida desbandada, carrera, fuga

estampilla sello

estándar uniforme, reglamentario

estante armario, repisa, anaquel

estatua imagen, figura, escultura

estéril 1. árido, infecundo **fecundo**
2. inútil, vano

estimar 1. calcular, evaluar, tasar, valorar
2. apreciar, querer

estimular alentar, animar **desanimar**

estirar alargar, prolongar, extender **encoger**

estación

estante

estirar

estrecho

estrujar

estudiante

estómago vientre, abdomen, buche, panza, barriga

estrecho angosto, apretado, ajustado   **ancho**

estregar restregar, frotar

estrella 1. artista, actor 2. destino, fortuna, suerte

estremecer vibrar, temblar, sabresaltar

estricto riguroso, preciso, exacto   **indulgente, tolerante**

estropear dañar, maltratar, deteriorar

estrujar apretar, exprimir

estudiante alumno, escolar, colegial

estupendo bueno, bonito, sorprendente

estúpido idiota, tonto, torpe   **inteligente**

etiqueta letrero, rótulo

evacuar desalojar, expulsar

evadir rehuir, evitar, eludir

evento acontecimiento, suceso

evidencia hechos, prueba

exacerbar 1. irritar, enojar 2. agravar, intensificar

exactamente precisamente, justamente, correctamente

exagerar agrandar, aumentar, amplificar **atenuar**

exaltado frenético, histérico, nervioso **tranquilo**

examen prueba, ensayo

examinar observar, estudiar, analizar, probar

excelente sobresaliente, espléndido, superior **inferior**

excepcional notable, raro, único, extraordinario **ordinario**

excepto a menos, salvo, fuera de

excitado entusiasmado, apasionado, ansioso **indiferente**

excursión viaje, paseo, salida, caminata

excusa disculpa, pretexto

excusar perdonar, absolver, disculpar

exhalar desprender, humear, salir

exhausto cansado, fatigado, agotado **enérgico**

exhibir mostrar, demostrar, presentar **ocultar**

examen

excitado

exhausto

expedición

explosión

exterminar

exilio destierro, deportación

expandir extender, crecer, agrandar, aumentar, dilatar **reducir**

expedición viaje, peregrinaje

explicar aclarar, exponer, contar

explorar investigar, examinar, buscar

explosión estallido, reventón

expresar manifestar, hablar, decir

expreso rápido, pronto **lento**

exquisito fino, refinado, delicado **tosco, rudo**

expulsar echar, despedir, arrojar **admitir**

extender agrandar, aumentar, prolongar, expandir, crecer, agrandar **reducir**

extenso vasto, ancho, amplio **reducido**

exterminar destruir, matar, aniquilar **fecundar**

extinguir apagar, sofocar, agotar

extinto apagado, muerto, desaparecido

extra 1. adicional 2. extraordinario, superior

extranjero forastero, extraño

extrañar　desear, anhelar

extraño　raro, singular, insólito　**común**

extraordinario　especial, excepcional, estupendo, notable, memorable, extra　**ordinario**

extravagante　1. extraño, raro　2. inmoderado, desequilibrado　3. extremo, excesivo

extraviado　perdido, despistado

extremo　1. último　2. intenso　3. excesivo, sumo
moderado

exuberante　abundante, desbordante, desarrollado

extraño

extraviado

fabricar hacer, producir, construir

fábula cuento, leyenda, mito

fabuloso maravilloso, espléndido

facción partido, grupo

faceta cara, lado

fácil sencillo, simple, elemental   **difícil**

facsímil o **facsímile** copia, reproducción, imitación   **original**

faena tarea, trabajo, oficio, quehacer **descanso**

faena

faja banda, lista, tira

fallar fracasar, perder   **triunfar**

fallo sentencia, resolución, decisión

falso 1. equivocado, incorrecto, mentira **verdadero** 2. imitación, fingido, ficticio   **real**

falta 1. ausencia, escasez 2. error, equivocación

fama reputación, celebridad, gloria

familia matrimonio, parentela, parientes

familia

familiar común, corriente   **extraño**

famoso célebre, renombrado, afamado **desconocido**

fanático 1. intolerante 2. apasionado

fantasma espectro, visión, espíritu

fantástico increíble, extraordinario, excepcional, magnífico, maravilloso **ordinario**

fardo paquete, bulto

farmacéutico boticario

fascinante interesante, excitante, cautivante, encantador **aburridor**

fastidioso molesto, desagradable **grato, ameno**

fatiga cansancio, agotamiento **descanso**

fatal 1. mortal **vital** 2. inevitable, predestinado 3. aciago, nefasto, funesto

favor 1. ayuda, servicio, protección 2. beneficio, preferencia

favorito preferido, predilecto, mimado

fe creencia, confianza, esperanza

feliz contento, alegre, satisfecho, afortunado, dichoso **infeliz**

feo horrible, repulsivo, malcarado, horroroso **hermoso**

feria mercado, exposición, festival, bazar

fantástico

farmacéutica

feria

fértil

fila

firma

feroz fiero, salvaje, brutal, cruel, bárbaro **manso**

fértil fecundo, abundante, rico, productivo **estéril**

festejar celebrar, conmemorar

festín banquete, festejo

festivo entretenido, alegre, jovial, divertido

fetidez hedor, hediondez

fiel leal, seguro, honrado   **infiel**

fiesta festividad, conmemoración

figura forma, imagen, físico

fijar clavar, asegurar, pegar, sujetar   **soltar**

fila línea, hilera, cola

filtrar colar, destilar, purificar, separar

final fin, término, conclusión   **principio**

finalizar completar, concluir, terminar, acabar **comenzar**

fino 1. delgado **grueso** 2. liso, suave **áspero** 3. elegante, esbelto, delicado **tosco, rústico** 4. atento, amable, afectuoso

firma 1. compañía, negocio, empresa 2. rúbrica, nombre, seña

firme duro, sólido, rígido, inflexible **flexible**

flaco delgado, magro, consumido **grueso, gordo**

flaco

flanco lado, costado

flexible elástico, dócil, manejable **rígido**

flojo débil, enfermizo, lánguido **fuerte**

florecer crecer, prosperar, desarrollarse

fluido líquido

fluir manar, brotar, correr

fobia temor, terror, repulsión **atracción**

foco bombilla, bombillo, ampolleta

fogoso ardiente, impetuoso, caluroso **frío**

flexible

folleto libreta, cartilla, panfleto

fondo base, fundamento, asiento **cima**

forma 1. modo, manera 2. aspecto, apariencia

formar hacer, crear, moldear, modelar

forro tapa, cubierta, funda

fortuna suerte, ventura, azar

forzar 1. obligar, impulsar 2. violentar, violar

fosa hoyo, foso

florecer

fotografía

fuego

fuerte

fotografía retrato, foto

fracasar fallar, malograr **triunfar**

fracción parte, porción, fragmento **todo, totalidad**

fracturar romper, quebrar, partir

fragante perfumado, aromático **inodoro**

frágil débil, delicado, quebradizo **fuerte**

franco 1. sincero, afable, leal **reservado** 2. claro, patente, indudable

fraude engaño, estafa

frecuentar conocer, tratar, relacionarse

fregar estregar, frotar

frenético exaltado, histérico, nervioso **calmado**

frío helado, congelado, glacial **caliente**

frívolo ligero, inconstante, veleidoso **fiel**

fuego llama, incendio, fogata, hoguera

fuerte 1. robusto, vigoroso, poderoso **débil** 2. duro, resistente

fuerza vigor, potencia **debilidad**

fuga 1. huida, escapada 2. salida, escape

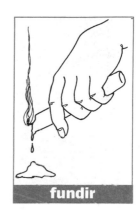

funda tapa, cubierta, forro

fundación 1. establecimiento, organización, institución 2. principio, origen

fundamental principal, esencial, importante, necesario, vital

fundir 1. derretir, licuar 2. unir, combinar, mezclar   **separar**

furia rabia, ira, cólera   **serenidad**

furioso airado, furibundo, colérico   **sereno**

fundir

gabinete   sala, pieza, cuarto, aposento

gaceta   periódico, diario

gallardo   apuesto, airoso, valiente

gana   deseo, ansia, apetito

ganar   1. obtener, conseguir, conquistar   **perder**
2. merecer, lograr

garantía   seguridad, protección

gastado   raído, usado, viejo, ajado   **nuevo**

gastar   consumir, invertir, disipar   **ahorrar**

gemir   quejarse, lamentarse, dolerse

general   1. universal, común, vago   **particular**
2. oficial, militar

generar   1. producir   2. engendrar

generoso   liberal, benévolo, bondadoso   **avaro**

genio   caracter, índole

gentío   multitud, muchedumbre, aglomeración

genuino   real, verdadero, puro, auténtico,
original   **falso**

gesto   expresión, semblante, mueca

gigante   coloso, enorme, gigantesco, inmenso,
pequeño

gimnasia   ejercicio, deporte

gastado

gimnasia

girar voltear, virar, rodar

giro vuelta, rotación

glaciar helero

globo esfera, tierra, mundo, universo

glorioso grandioso, magnífico, espléndido, sensacional, maravilloso

glaciar

gobernar regir, controlar, comandar, dirigir, manejar, supervisar, mandar

golpear pegar, azotar, herir

goma cola, adhesivo, pegamento

gordo corpulento, obeso, pesado   **flaco**

gozar 1. disfrutar   **sufrir** 2. poseer

grabar tallar, esculpir

golpear

gracioso atractivo, chistoso, divertido

graduarse diplomarse, licenciarse, avanzar

grande 1. crecido, vasto, extenso   **pequeño** 2. importante   **insignificante**

grandioso enorme, soberbio, majestuoso **humilde**

granja hacienda, quinta, finca

gordo

grasa aceite, manteca, lubricante

grato agradable, atractivo, placentero **desagradable**

61

grieta

grave 1. peligroso **leve** 2. importante **insignificante**

grieta abertura, hendedura

grifo espita, canilla

griterío alboroto, bullicio **silencio**

grito alarido, aullido, chillido

grosero rudo, vulgar, ordinario, basto **cortés**

grotesco extravagante, ridículo, desfigurado

grueso gordo, grande, corpulento **flaco**

gruñir quejarse, murmurar

grupo

grupo 1. conjunto, serie, colección 2. banda, equipo, tripulación

guapo atractivo, bonito, hermoso **feo**

guardar conservar, preservar, proteger, defender, asegurar

guardia vigilante, centinela

guerra batalla, pelea, combate, conflicto **paz**

guiar manejar, conducir, dirigir

guirnalda corona

guardar

gustar querer, desear, apetecer **disgustar**

gustoso sabroso, placentero, agradable **desagradable**

hábil diestro, capaz **torpe**

hábito costumbre, uso, práctica, rutina

hablar decir, expresar, conversar, charlar, pronunciar **callar**

hacer crear, producir, causar, fabricar, realizar **abstenerse**

hada hechicera, duende

halar tirar, arrastrar, jalar

hallar encontrar, descubrir, notar

hambre 1. apetito 2. deseo, gana, anhelo

haragán holgazán, perezoso, zángano **diligente**

hartar 1. saciar, llenar 2. fastidiar, molestar, cansar

hebra hilo, fibra

hechizado embrujado, encantado

hedor fetidez, peste

helado frío, gélido, glacial **caluroso**

helar refrigerar, enfriar **calentar**

hemorragia sangramiento

herida llaga, lesión

hallar

helado

heroico

hinchar

holgazán

herir   lesionar, lastimar, dañar

hermandad   1. amistad, fraternidad 2. asociación, cofradía

hermoso   bonito, atractivo, bello, lindo   **feo**

heroico   bravo, valiente, intrépido   **cobarde**

herramienta   instrumento, artefacto, aparato

herrumbroso   oxidado, mohoso

higiénico   sanitario, limpio

hilaridad   risa, alegría, regocijo, carcajada **tristeza**

hilo   hebra

hinchar   1. inflar   2. aumentar

hipnotizar   adormecer, sugestionar

histérico   trastornado, agitado   **tranquilo**

historia   cuento, fábula, relato

hogar   casa, residencia, morada, domicilio

holgazán   perezoso, haragán   **diligente**

hombre   persona, sujeto, varón

homicidio   asesinato, crimen

hondo   1. profundo   2. intenso   **superficial**

honrado íntegro, recto, sincero, ético, moral **falso**

horadar perforar, agujerear

horario plan, programa

horrible espantoso, horroroso

hostil contrario, opuesto, desfavorable **amigable**

horrible

hotel pensión, hostería, posada

hoyo agujero, cavidad, hueco

huella rastro, pista

huésped invitado, convidado **anfitrión**

huir escapar, arrancar, alejarse, perderse

húmedo mojado, empapado **seco**

huellas

humilde modesto, sencillo, simple **orgulloso**

humillado avergonzado, mortificado

humorístico cómico, gracioso, jocoso

hundir 1. sumir 2. destruir, arruinar

huracán ciclón, tornado, tifón

huraño arisco, insociable, desconfiado **amistoso**

huracán

hurtar robar, despojar, quitar

idea pensamiento, noción, concepto

identificar distinguir, reconocer

idioma lengua, lenguaje, habla

idiota imbécil, estúpido, necio, tonto **listo**

iglesia parroquia, templo, catedral

ignorante inculto, analfabeto, iliterato

ignorar desconocer **saber**

identificar

igual equivalente, idéntico, mismo **distinto**

ilegal ilícito, criminal, prohibido, ilegítimo, clandestino **legal**

ilusión engaño, espejismo

ilustrar dibujar, trazar, diseñar

imaginar 1. pensar, suponer, creer, figurarse 2. concebir

imbécil idiota, estúpido, necio, tonto, insensato **listo**

iglesia

imitar copiar, repetir, duplicar

impaciente ansioso, inquieto, agitado **paciente**

impacto 1. choque, golpe 2. efecto, consecuencia

impecable perfecto, intachable

impar non, desigual   **par**

impedimento obstáculo, estorbo

impertinente molestoso, indiscreto, inoportuno **cortés**

impetuoso dinámico, enérgico, intenso, apasionado

implicar envolver, enredar

implorar

implorar rogar, pedir, solicitar

importante principal, esencial, fundamental, vital **trivial**

importunar molestar, fastidiar, asediar

imposible 1. inconcebible, absurdo 2. irrealizable **posible**

impotencia incapacidad

impulsar

imprimir publicar, editar

improviso imprevisto, súbito, repentino

imprudente precipitado, indiscreto **prudente**

impuesto tributo, contribución, cuota

impulsar impeler, mover, empujar   **sujetar**

inaceptable intolerable, inadmisible **aceptable**

incapaz

incapaz inepto, inhábil, torpe   **capaz**

inclinar

incompleto

incubar

incidente suceso, ocurrencia, ocasión

incierto inseguro, dudoso, ambiguo **cierto**

incinerador horno, quemador

inclinación vocación, disposición, aptitud **rechazo**

inclinar bajar, desviar, torcer, ladear

incluir contener, abarcar, encerrar **excluir**

incómodo molesto, difícil **cómodo**

incompleto falto, parcial **completo**

inconsciente desmayado, sin sentido **consciente**

inconsiderado imprudente, irrespetuoso **considerado**

incorrecto imperfecto, erróneo, equivocado **correcto**

increíble inverosímil, inconcebible, asombroso, absurdo, fantástico **creíble**

incrementar aumentar, agrandar, extender, añadir **disminuir**

incubar empollar, crear

indagar buscar, averiguar, investigar

indeciso dudoso, vacilante, inseguro **decidido**

independiente autónomo, libre   **dependiente**

indicado conveniente, adecuado

indicar mostrar, demostrar, señalar

indignación ira, cólera, enojo, rabia

indispuesto enfermo, malo, doliente

indistinto confuso, vago   **claro**

individuo persona, sujeto

indolente perezoso, inactivo, descuidado **vigoroso**

inepto incapaz, inhábil, inútil   **capaz**

inesperado súbito, repentino, imprevisto **esperado**

infame malvado, vil, detestable

infectar contaminar, contagiar, corromper

infiel desleal, traidor   **fiel**

inflar hinchar, abultar   **desinflar**

inflexible firme, rígido, constante   **flexible**

influencia poder, autoridad, influjo

información informe, noticia

indecisa

inesperado

inflar

informar contar, notificar, comunicar, anunciar

infortunio desgracia, fatalidad, revés **suerte**

ingenio talento, destreza

ingrato desagradecido, desagradable

ingrediente parte, elemento, factor, componente

ingreso ganancia, entrada, salario, pago **egreso, gasto**

inhalar aspirar, inspirar, respirar **exhalar**

inicio comienzo, principio **término**

injusto inmerecido, abusivo, parcial **justo**

inmediatamente ya, ahora, en seguida **después**

inmenso enorme, vasto, gigante, colosal **pequeño**

inocente sin culpa, sencillo, cándido **culpable**

inquieto agitado, intranquilo, impaciente **quieto**

inquilino ocupante, arrendatario

inquirir preguntar, averiguar, investigar

inquisitivo curioso, entrometido, averiguador

inseguro peligroso, arriesgado **seguro**

insensato imprudente, irrazonable, necio
sensato

insensible duro, apático, impasible **sensible**

insignia símbolo, emblema, bandera

insignificante trivial, escaso, desdeñable
importante

insistir instar, apremiar, persistir **desistir**

insignificante

insolente desprectivo, desafiante, descortés,
atrevido **cortés, considerado**

insólito raro, extraño **común**

inspeccionar examinar, observar, estudiar,
revisar

inspirar influir, sugerir, inculcar, persuadir

instalar colocar, poner, acomodar, establecer

inspeccionar

instantáneo inmediato, rápido, pronto **lento,
tardo**

instar insistir, urgir, apurar

instigar incitar, provocar, inducir

institución centro, organización, establecimiento

instruir enseñar, educar, informar

instrumento aparato, artefacto, herramienta

instrumento

intercambio

introducir

inundación

insultar ofender, afrentar, agraviar **alabar**

íntegro completo, entero

inteligente sabio, instruido, enterado, entendido **ignorante**

intercambio permuta, cambio, canje

interesante atractivo, cautivante, fascinante **aburridor**

interferir inmiscuirse, perturbar

intermisión interrupción, intermedio, entreacto

interpretar explicar, representar, clarificar

interrumpir cortar, detener, impedir, parar **continuar**

intrépido valiente, osado, bravo **cobarde**

intriga trama, complot, artimaña

introducir meter, incluir, insertar **sacar**

inundación desbordamiento, diluvio **sequía**

inusual desacostumbrado, insólito, desusado **usual**

inútil inservible, innecesario, vano **útil**

inválido minusválido, enfermo, tullido **saludable**

invasión ataque, usurpación

inventar crear, idear, descubrir

investigar buscar, averiguar, explorar, examinar, inspeccionar, estudiar

invitar convidar, proponer, animar

ir acudir, llegar, seguir, dirigirse

ira furia, cólera, enojo

irritable colérico, irascible, susceptible

irritar enojar, exasperar, enfadar **sosegar, calmar**

irse alejarse, dirigirse, marcharse **volver**

izar levantar, subir **arriar, bajar**

irse

izar

jactarse   alardear, alabarse, presumir

jalar   tirar, halar

jamás   nunca **siempre**

jardín   parque, vergel

jefe   patrón, superior, dueño, gerente **subordinado**

jirón   pedazo, trozo

jocoso   gracioso, cómico, chistoso   **triste**

jornada   viaje, camino, recorrido, día

jornal   pago, salario, sueldo

joven   1. adolescente, mozo   **viejo** 2. reciente, nuevo, actual   **antiguo**

jovial   alegre, festivo, divertido   **triste**

joya   alhaja, gema, piedra preciosa

judía   frijol, poroto, ejote, chaucha

juez   magistrado, árbitro

jugar   1. entretenerse, distraerse   2. especular, apostar

juicio   1. veredicto, sentencia, fallo   2. criterio, entendimiento   3. opinión

juntar   reunir, acumular, unir, relacionar **separar**

jardín

jueza

juramento voto, promesa

justo recto, honrado, correcto **injusto**

justicia imparcialidad, derecho, rectitud
injusticia

juventud adolescencia, mocedad, pubertad
vejez

juzgar 1. sentenciar 2. opinar, creer,
considerar

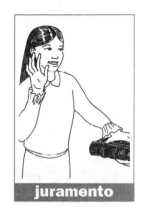

juramento

labor trabajo, tarea, faena, quehacer, ocupación **descanso**

laborar trabajar, obrar **descansar**

labranza cultivo, agricultura

lacio 1. flojo, caído 2. marchito, ajado

ladear inclinar, torcer

lado 1. costado, borde, flanco, orilla 2. lugar, paraje

ladrón malhechor, bandido, ratero

lamentarse llorar, gemir, quejarse, dolerse

lámina 1. plancha, chapa 2. estampa

lámpara farol, candil, reflector

laborar

lancha embarcación, barcaza, bote

lánguido débil, decaído, enfermizo **dinámico**

lancha embarcación, bote

lanzar arrojar, tirar, despedir, enviar

largar soltar, aflojar, tirar, arrojar, deshacerse, lanzar **tomar, asir, coger**

lamentarse

largo alargado, extenso **corto**

lástima piedad, compasión, misericordia **desprecio**

lastimar herir, dañar, injuriar

latente escondido, oculto **manifiesto**

lavado limpieza, enjuague, irrigación

lavar limpiar, enjuagar, bañar

lavatorio lavabo, lavamanos, jofaina

lazo nudo, unión, vínculo

leal fiel, sincero, confiable **desleal**

lección clase, enseñanza, explicación

lectura conferencia, plática

legal lícito, permitido, legítimo, autorizado
ilegal

legítimo 1. legal, justo, lícito **ilegítimo**
2. auténtico, verdadero **falso**

legumbre hortaliza, verdura

lejos lejano, remoto, alejado, distante **cerca**

lengua idioma, lenguaje, habla

lento tardo, calmoso, tardío **rápido**

lesión contusión, llaga, herida

letrero anuncio, título, cartel, rótulo

levantar izar, subir, elevar **bajar**

lavar

letrero

levantar

ligero

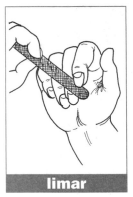

limar

limpiar

levantarse pararse **sentarse**

leve ligero, liviano, insignificante **pesado**

ley regla, costumbre, ordenanza, estatuto

leyenda cuento, historia, fábula, mito

liar atar, unir, envolver

libertad independencia, emancipación, autonomía **esclavitud**

librar libertar, soltar, emancipar, salvar **detener**

liga alianza, unión, grupo

ligar unir, atar, sujetar **desligar**

ligero 1. liviano, leve **pesado** 2. rápido, veloz **lento**

limar raspar, pulir

límite fin, final, meta, frontera

limpiar asear, lavar, purificar **ensuciar**

lindo bonito, bello, hermoso, atractivo **feo**

liquidar terminar, eliminar

líquido fluido **sólido**

liso llano, terso, raso **arrugado**

listo inteligente, astuto, despierto, sagaz, avispado, vivo **tonto**

litigio pleito, disputa

liviano leve, ligero **pesado**

lívido 1. morado 2. pálido

llaga lesión, herida

llama fuego, ardor

llamada aviso, nota, advertencia

llamear arder, refulgir, brillar

llano plano, liso, raso, igual, terso **desnivelado**

llave 1. herramienta, instrumento 2. picaporte, grifo

llegar venir, alcanzar, acercarse

llenar ocupar, colmar, henchir **vaciar**

lleno colmado, relleno, repleto **vacío**

llevar transportar, trasladar, guiar, conducir

llorar lamentar, deplorar, sollozar

llovizna rocío, mollizna

lluvia aguacero, chaparrón, precipitación

lóbrego oscuro, sombrío

liviano

llave

lluvia

lotería

luz

locación arriendo, alquiler

localidad población, ciudad

loco demente, perturbado   **cuerdo**

lógico justo, razonable, racional   **ilógico**

lograr obtener, conseguir

loro papagayo, perico

lotería rifa, sorteo

luchar contender, pelear, batallar

lucir 1. brillar, resplandecer 2. sobresalir, resaltar

lugar 1. sitio, punto, puesto 2. ciudad, pueblo, aldea

lujoso suntuoso, ostentoso, grandioso, espléndido   **pobre, mísero**

luz rayo, destello, resplandor, fulgor
oscuridad

machacar moler, triturar, aplastar, quebrantar

macizo sólido, compacto, firme **insustancial**

madriguera cueva, guarida

madrugada alba, amanecer

maduro adulto, sazonado, desarrollado **inmaduro**

maestría arte, habilidad, destreza

maestro 1. profesor, preceptor, educador **neófito** 2. hábil, diestro

magia brujería, hechicería, encantamiento

magnético atrayente, cautivador

magnífico admirable, grandioso, majestuoso, espléndido, soberbio, glorioso

magnitud tamaño, dimensión

maldecir condenar, imprecar **bendecir**

malestar molestia, incomodidad, inquietud **bienestar**

malgastar derrochar, desperdiciar, disipar **ahorrar**

malhumorado irritable, irascible

maligno malo, perverso, malvado **benigno**

maestro

malhumorado

manchado

mandar

mapa

malo ruin, perverso, maligno, perjudicial, peligroso, nocivo, desalmado, malicioso, malvado, desagradable **bueno**

maltratar abusar, molestar, dañar

malvado malo, perverso, maligno, ruin **bondadoso**

manchado sucio, mugriento, tiznado **limpio**

manchar ensuciar, tiznar, enlodar **limpiar**

mandar 1. remitir, enviar **recibir** 2. gobernar, regir, reinar **obedecer**

manejar conducir, dirigir, guiar, controlar, gobernar, supervisar

manera modo, estilo, método, procedimiento

manso dócil, tímido, suave, apacible **bravo, rebelde**

mantener conservar, preservar, sostener

manual sumario, directorio, guía

manufacturar fabricar, hacer, crear, producir

mapa plano, carta

mar océano

maratón competencia, carrera

maravilloso admirable, asombroso, extraordinario, espléndido, soberbio **ordinario**

marca 1. calificación, nota 2. señal, huella

marcha caminata, paseo, jornada

margen orilla, borde, ribera

marido esposo, cónyuge, consorte **esposa**

máscara

máscara 1. antifaz, mascarilla 2. disimulo, disfraz, fingimiento

matar ejecutar, asesinar, sacrificar

matrimonio boda, enlace, nupcias, unión, casamiento

máximo 1. extremo, tope, límite 2. apogeo, cúspide, sumo **mínimo**

mayor superior, jefe, principal

mecánico

mecánico técnico, maquinista

mecanismo dispositivo, instrumento, artefacto

mecer balancear, columpiar

medalla premio, honor, galardón

medicina remedio, medicamento, fármaco

médico doctor, cirujano

medidor contador

mecanismo

83

medio 1. mitad, centro **extremo** 2. método, manera 3. ambiente, espacio

medir calcular, determinar, apreciar

meditar pensar, reflexionar

mejorar adelantar, perfeccionar **empeorar**

melancolía tristeza, depresión **euforia**

melodía melodía, canto, aria

medir

mendigo limosnero, pordiosero

menear mover, agitar

menor 1. inferior, pequeño 2. niño **mayor**

mensaje aviso, recado, comunicación, carta, misiva

mente inteligencia, entendimiento, intelecto

mensaje

mentira engaño, falsedad **verdad**

menudo 1. pequeño, diminuto **gigante** 2. insignificante **importante**

mercader comerciante, negociante

mercado feria, plaza

mérito merecimiento, estimación

mermar disminuir, reducir **aumentar, crecer**

mercado

mermelada confitura, compota

meta fin, término, final, objetivo, propósito, intento

método plan, procedimiento, norma, sistema, modo

mezclar juntar, unir, combinar, incorporar **separar**

mezquino avaro, miserable, egoísta, infeliz **generoso**

miedo temor, alarma, pánico, terror

miedo

milagroso maravilloso, extraordinario, misterioso

milicia tropa, ejército, guardia

millonario rico, adinerado, acaudalado

millonario

mimar acariciar, halagar, consentir

miniatura pequeño, minúsculo **gigante**

mínimo menor, mínimum, ínfimo **máximo**

ministro pastor, sacerdote

minucia detalle, pormenor, menudencia

minúsculo diminuto, pequeñísimo **enorme**

minuto instante, momento

miniatura

mirada ojeada, vistazo

mitad

modelo

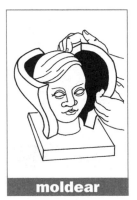

moldear

mirar ver, observar, contemplar

miserable 1. triste, desdichado, infeliz **feliz**
2. perverso, canalla

misericordia lástima, piedad, compasión

misión cometido, tarea, faena

misterio enigma, secreto

mitad medio, centro, corazón

mitigar aliviar, calmar, disminuir **exacerbar**

mito fábula, historia, leyenda, ficción, cuento

moda uso, novedad, boga, estilo

modelar formar, crear, esculpir, moldear

modelo muestra, copia, ejemplo, tipo

moderno nuevo, reciente, actual **antiguo**

modesto 1. sencillo, natural, simple **lujoso**
2. recatado, pudoroso **exhibicionista**

modo manera, forma, medio, método

mohoso oxidado, herrumbroso

mojado empapado, húmedo **seco**

moldear formar, esculpir, modelar

moler triturar, machacar, deshacer, pulverizar

molestar fastidiar, estorbar, incomodar

molesto desagradable, fastidioso **placentero**

monarca rey, soberano

moneda dinero, caudal

monótono aburridor, tedioso, latoso
interesante

moneda

monstruo ogro, demonio, diablo

montar 1. armar, instalar **desmontar**
2. encaramar, subir **desmontar**

montón pila, cúmulo, acumulación

morar residir, habitar, vivir

morir fallecer, perecer, sucumbir **nacer**

mostrar enseñar, exhibir, presentar **ocultar**

montar

motín revolución, conmoción, rebelión

motivo causa, razón, móvil

mover trasladar, desplazar **detener, parar**

movimiento moción, actividad, circulación
reposo

mozo joven, adolescente, muchacho

mucho numeroso, abundante, demasiado
poco

mozo

muelle

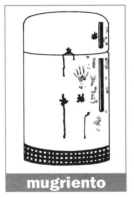

mugriento

mudar transformar, cambiar, cambiarse

mudo callado, silencioso

muelle embarcadero, puerto

muerto difunto, cadáver, extinto   **vivo**

muestra 1. señal, indicación 2. prueba, modelo

mugriento sucio, tiznado, manchado   **limpio**

multa castigo, sanción

multiplicar reproducir, aumentar, incrementar

mundo universo, orbe, cosmos, creación

muralla muro, pared

murmurar criticar, desacreditar, chismear

mutación modificación, cambio, mudanza

nacimiento comienzo, origen, infancia, principio **muerte**

nación país, patria, tierra

nadar flotar, bañarse, sostenerse

narcótico droga, estupefaciente, sedante

narrar contar, relatar, explicar

natural genuino, real, puro **artificial**

naturalmente espontáneamente, fácilmente

nave embarcación, navío, buque

necedad tontería, estupidez, desatino

necesario importante, esencial, indispensable, requerido **innecesario, superfluo**

necesitar requerir, precisar

necio 1. terco, obstinado, testarudo 2. incapaz, tonto

negocio 1. comercio, negociación 2. profesión, trabajo

nervioso irritable, agitado, tenso, inquieto **calmado**

niebla bruma, neblina, vapor

nacimiento

negocio

niña

niño

nublado

niña chica, muchacha

niño chico, crío, muchacho

nítido limpio, transparente

nivel altura, grado, horizontalidad

noble 1. ilustre, distinguido 2. magnánimo

noción conocimiento, idea

nombrar llamar, designar, denominar

norma 1. regla, ley 2. uso, costumbre

normal regular, usual, típico, ordinario
anormal

nota mensaje, aviso, apunte, comentario

notable 1. estimable, valioso, relevante
2. distinguido

notar 1. ver, observar, percibir, mirar
2. señalar, marcar

noticia comunicación, información

notificar contar, comunicar, avisar, informar

novedad noticia, nueva, suceso

nublado nuboso, encapotado **despejado**

núcleo centro, interior **periferia**

número 1. cifra, dígito 2. cantidad, cuantía

numeroso   muchos, varios, abundante, copioso
poco

nupcias   boda, matrimonio, enlace, unión, casamiento

nutrir   alimentar, mantener

nutrir

O

obedecer   acatar, cumplir, responder
desobedecer

obediencia   respeto, sumisión, acatamiento
desobediencia

obeso   gordo, corpulento, pesado, robusto
flaco

objetar   oponer, refutar, rebatir, discrepar
aceptar

objetivo   meta, fin, motivo

objeto   1. cosa, artículo   2. tema, asunto

obligación   deber, exigencia, compromiso

obligar   forzar, presionar, compeler

obrar   trabajar, laborar, hacer

obrero   trabajador, operario, asalariado, peón

obsequio   regalo, recuerdo

observar   1. ver, mirar, vigilar   2. obedecer, acatar

obstáculo   dificultad, barrera, obstrucción

obstinado   terco, necio, testarudo, tenaz, inflexible   **dócil**

obstrucción   impedimento, dificultad, barrera, obstáculo

objetar

obstáculo

obtener conseguir, recibir, lograr

obvio evidente, manifesto, claro **oculto**

ocasión chance, oportunidad

ocasionar causar, producir, motivar

ocioso desocupado, holgazán, perezoso
trabajador

ocioso

ocultar esconder, tapar **descubrir**

ocupación trabajo, oficio, empleo, profesión,
cargo

ocupar 1. llenar **vaciar** 2. habitar
desocupar 3. emplear **despedir**

ocurrir pasar, suceder, acontecer

odiar detestar, aborrecer **amar**

ofensivo insultante, repugnante, asqueroso
grato

odiar

oferta 1. ofrecimiento, proposición 2. regalo,
presente

oficina despacho, dirección, departamento

oficio empleo, cargo, ocupación, labor,
quehacer, faena

ofrecer mostrar, presentar, proponer **ocultar**

ogro

ogro diablo, demonio, monstruo

oír

oponente

oprimir

oír escuchar, percibir, atender

ojeada vistazo, mirada, vista

olor 1. esencia, aroma, fragancia 2. fetidez, hedor, pestilencia

olvidar omitir, dejar, descuidar **recordar**

omisión 1. olvido, descuido 2. abstención, exclusión

omitir callar, suprimir, excluir, dejar **incluir**

operar trabajar, negociar, obrar

opinión juicio, parecer, criterio, perspectiva

oponente enemigo, competidor, rival, adversario **amigo**

oponer enfrentar, resistir, contrarrestar, estorbar

oportunidad ocasión, chance

oportuno apropiado, propio, adecuado **inoportuno**

oposición resistencia, obstáculo, objeción

oprimir apretar, presionar

optar escoger, elegir, seleccionar

optimista confiado, positivo **pesimista**

óptimo inmejorable, perfecto

oral verbal, bucal

orar rezar, rogar

orbe mundo, universo

órbita curva, círculo, recorrido

orden 1. regla, método, sistema 2. mandato, ordenanza

ordenado arreglado, cuidadoso **desordenado**

ordenar 1. arreglar, organizar **desordenar** 2. mandar **acatar**

ordinario común, normal, usual, corriente, regular **extraordinario**

organizar arreglar, ordenar **desorganizar**

orgulloso soberbio, altivo, arrogante, vanidoso

origen 1. principio, comienzo, procedencia **final** 2. causa **resultado**

original auténtico, único, verdadero, genuino **copia**

orilla borde, margen

ornamento decoración, adorno

ornar decorar, embellecer, adornar

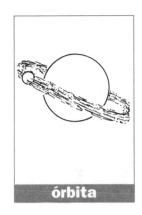
órbita

ordenar

original

osada

osado audaz, atrevido, arriesgado **tímido**

oscuro sombrío **claro, luminoso**

ostentar mostrar, exhibir **ocultar**

otorgar conceder, dar, regalar **privar**

otro distinto, diferente

ovación aplauso, aclamación

oxidado mohoso, herrumbroso

paciencia tolerancia, conformidad, aguante
impaciencia

pacífico tranquilo, quieto, calmado, sereno
agresivo

pacto convenio, acuerdo, arreglo, tratado

padecer sufrir, aguantar, soportar, tolerar
gozar

pago salario, sueldo

país nación, patria

palacio castillo, mansión

pálido descolorido, deslucido **colorido**

paliza tunda, zurra

palmada bofetón, golpe

palpar tocar, tentar

pandilla banda, facción, cuadrilla

pánico miedo, terror, alarma, espanto **paz**

panorama paisaje, vista, perspectiva

pantuflas zapatillas

paño tela, tejido, lienzo

paquete fardo, bulto, lío

palacio

paquete

parecido

partido

partir

parada 1. detención, alto, pausa 2. estación, estacionamiento

paralizar detener, parar, interrumpir

parar detener, inmovilizar, interrumpir, estacionar

pararse levantarse **sentarse**

parecido semejante, similar **distinto**

paro 1. detención, cesación, interrupción, inmovilización **movimiento** 2. desempleo **empleo**

parte porción, pedazo, trozo **todo**

participar colaborar, contribuir, cooperar

particular 1. propio, peculiar, especial 2. privado

partido contienda, encuentro, juego

partir 1. marcharse, ausentarse, salir **volver** 2. cortar, romper **juntar**

pasadizo vestíbulo, pasillo, corredor

pasado anterior, remoto, antiguo, pretérito **futuro**

pasaje billete, peaje, impuesto

pasar 1. suceder, ocurrir 2. transcurrir 3. entrar, transitar **salir**

pase permiso, licencia

paseo caminata, excursión, salida

pasillo vestíbulo, corredor, pasadizo

pasivo inactivo, desmayado, desanimado
activo

pasta masa, empaste

patrocinar proteger, favorecer, ayudar

patrón jefe, amo, superior   **empleado**

patrulla destacamento, ronda, cuadrilla

pausa descanso, reposo   **actividad**

paz 1. sosiego, tranquilidad, calma   **furia**
2. concordia, acuerdo   **guerra**

peaje pasaje, cuota, impuesto

peatón transeúnte, caminante, viandante,
paseante

pecado falta, culpa, infracción

peculiar propio, particular, singular, distintivo

pedazo trozo, parte, porción

pedestal base, fundamento   **cima**

pedir preguntar, solicitar, requerir, reclamar,
exigir

paseo

patrón

pedazo

peligro

peluca

peludo

pegajoso 1. pegadizo 2. contagioso

pegar 1. adherir, unir 2. castigar, maltratar, azotar, zurrar

pelear luchar, reñir, combatir

peligro riesgo, amenaza

pellejo cuero, piel

pelota bola, balón, esfera

pelotón grupo, escuadra

peluca postizo

peludo hirsuto, velludo, piloso **lampiño**

pena tristeza, dolor, agonía, sufrimiento **alegría**

penoso triste, difícil **alegre**

pensar creer, opinar, considerar, meditar, razonar

pender colgar, suspender

penuria insuficiencia, falta

peña roca, piedra

pequeño chico, menudo, diminuto, corto, escaso **grande**

pérdida daño, perdición **ganancia**

perdido extraviado, despistado **hallado**

perdonar absolver, excusar, dispensar **condenar**

perdurar persistir, durar, quedar

perezoso holgazán, vago, haragán, zángano **diligente**

perfeccionar mejorar, optimizar

perforar agujerear, taladrar, picar, punzar, horadar

perdonar

periódico noticiero, diario, gaceta

período época, etapa, fase

perito experto, conocedor, entendido **ignorante**

perjuicio daño, quiebra, pérdida **beneficio**

periódico

permanente firme, fijo, estable **temporal**

permitir autorizar, consentir **prohibir**

permuta cambio, canje, intercambio

pernicioso peligroso, perjudicial **beneficioso**

perseguir seguir, acosar, cazar, buscar

persistir insistir, perseverar, continuar

persona individuo, sujeto, hombre

perseguir

picante

pico

piedad

perspicaz agudo, sagaz **obtuso**

persuadir convencer, decidir

perturbar alterar, inquietar, desordenar, intranquilizar **calmar, apaciguar**

perverso malo, ruín, maligno

pesado gordo, obeso, corpulento, robusto **flaco**

pesimista amargado, triste, negativo **optimista**

peste plaga, epidemia

piadoso devoto, religioso **impío**

picante sazonado, condimentado **insípido**

picar punzar, pinchar, perforar, agujerear, taladrar

pico cima, cumbre, cúspide

piedad compasión, lástima, misericordia

piedra roca, peña

piel pellejo, cuero, epidermis

pieza 1. parte, elemento 2. trozo 3. habitación, cuarto

pila cúmulo, montón

pillar pescar, atrapar, coger, agarrar

pillo canalla, bribón

pinchar picar, punzar

pintar dibujar, colorear, teñir

piso 1. suelo, pavimento 2. alto, planta

pista rastro, huella, señal

pistola arma, revólver

placentero agradable, grato, gustoso **desagradable**

plagiar copiar, imitar

plan idea, intento, intención, propósito, proyecto

planchar alisar, desarrugar

plano llano, liso, raso **rugoso, montañoso**

plantar poner, colocar **cosechar**

playa ribera, costa

pleito disputa, litigio, contienda

pleno 1. lleno **vacío** 2. completo **incompleto**

pobre indigente, necesitado, mendigo, pordiosero **rico**

poderoso 1. potente, fuerte **débil** 2. eficaz, activo

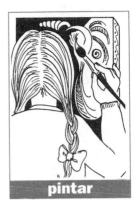

pintar

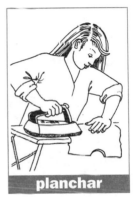

planchar

pobre

popular

poesía verso, poema, trova

policía alguacil, agente, vigilante

poluto contaminado, manchado **puro**

poner colocar, situar, aplicar **sacar**

ponzoña veneno, toxina

populacho chusma, gentuza

popular 1. favorito, estimado, querido
impopular 2. común, vulgar, usual **raro**

porcion

porción parte, pedazo, trozo

portada frente, fachada

portafolios carpeta, cartera

portal puerta, verja, pórtico

portar llevar, traer, acarrear

portátil movible, transportable **fijo**

porte 1. tamaño, dimensión, capacidad
2. aspecto

poseer tener, gozar, disfrutar **carecer**

posesión propiedad, dominio, bien

posible probable, potencial, factible
imposible

posesión

posición situación, colocación

posponer aplazar, postergar, retrasar
adelantar

postergar aplazar, posponer

posterior consecutivo, siguiente, sucesivo
anterior

potencia 1. fuerza, poder   **debilidad**
2. capacidad

práctica 1. ejercicio, ensayo 2. experiencia,
rutina, costumbre

prácticamente casi, aproximadamente, más o
menos

prado pasto, campo, pradera

precaución prudencia, cautela   **temeridad**

precio costo, valor

precioso 1. excelente, exquisito 2. hermoso,
bello   **feo**

preciso exacto, definido, puntual, fijo
aproximado

predecir pronosticar, augurar, profetizar,
prever

predicar 1. publicar 2. amonestar, regañar

preferir escoger, elegir, optar

postergar

prado

preferir

premio

pregunta interrogación, encuesta, averiguación **repuesta**

premio recompensa, galardón **castigo**

prender 1. agarrar, asir **soltar** 2. arrestar, detener, aprisionar **liberar** 3. encender **apagar**

preocupado inquieto, distraído **despreocupado**

preparar alistar, disponer, organizar

preservar conservar, salvar, mantener, proteger **destruir**

prestar

presión peso, tensión, fuerza

prestar facilitar, dedicar, ayudar

prevenir impedir, evitar, precaver

prever predecir, pronosticar, augurar, profetizar

prima recompensa, bono

primero primario, principal, inicial **último**

primitivo 1. tosco, rudo **cortés, refinado** 2. primero, original 3. antiguo **moderno**

primitivo

principal esencial, fundamental, importante, vital **secundario**

principio comienzo, origen, inicio **final**

prisa rapidez, prontitud, velocidad, precipitación **lentitud**

prisión cárcel, penal

privado personal, particular, íntimo,
confidencial **público**

privilegio concesión, ventaja

probar experimentar, ensayar, examinar

probar

problema cuestión, dilema, conflicto, dificultad

procedimiento plan, práctica, regla, manera,
costumbre

procesión fila, desfile, revista, parada

producir 1. crear, elaborar, fabricar 2. ocasionar

profesión trabajo, oficio, ocupación, empleo,
cargo

problema

programa plan, proyecto

progreso avance, adelanto, desarrollo **retraso**

prohibir negar, censurar **permitir**

prójimo sujeto, individuo

promesa 1. oferta, voto 2. señal, indicio

prometedor favorable, alentador

pronto rápido, ligero, veloz, acelerado **lento**

procesión

propaganda

propiedad

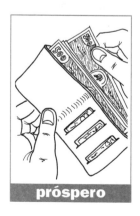

próspero

propaganda publicidad, divulgación, anuncio

propiedad 1. terreno, lote 2. posesión, dominio

propietario dueño, amo, patrón

propina recompensa, gratificación

propio apropiado, adecuado, oportuno conveniente

propósito intención, intento, meta, final

proseguir continuar, avanzar

próspero favorable, acomodado, rico, adinerado, acaudalado **pobre**

proteger defender, amparar, preservar, resguardar **abusar, atropellar**

protestar objetar, desafiar, quejarse, reclamar, demandar **aceptar, acatar**

provechoso útil, beneficioso **inútil, inservible**

proveer surtir, aprovisionar, suplir, abastecer **quitar**

provocar 1. incitar, estimular 2. irritar, molestar, fastidiar **calmar**

prueba 1. ensayo, exámen 2. demostración

publicar editar, imprimir

pudrir descomponer, fermentar, estropear

puente viaducto, pasarela

puerto muelle, embarcadero, desembarcadero

pulcro aseado, limpio, esmerado
desarreglado

puente

pulir abrillantar, lustrar

punta cima, picacho, extremo

puntual 1. diligente, cumplidor 2. preciso,
exacto

punto 1. señal, medida 2. sitio, lugar

punzante agudo, afilado, cortante   **obtuso,
romo**

pulir

punzar picar, pinchar

puñalada cuchillada, navajazo

purgar limpiar, purificar, evacuar

purificar purgar, limpiar   **ensuciar**

puro 1. intacto, incorrupto, inalterado
impuro, corrupto 2. cigarro

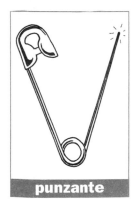
punzante

quemar

quebrar romper, separar, doblar, torcer

quedar permanecer, detenerse, estar **irse**

quehacer oficio, faena, trabajo, tarea

quejarse gemir, lamentarse, dolerse

quejoso descontento, dolido, resentido, agraviado

quemar incendiar, arder, chamuscar, abrasar

querer amar, adorar, estimar, apreciar **odiar**

quiebra pérdida, bancarrota, daño, perjuicio

quieto 1. inmóvil 2. calmado, pacífico, sereno **ruidoso**

quinta finca, hacienda, estancia

quitar sacar, apartar, restar, deducir, substraer **sumar**

quitasol parasol, sombrilla

quizás posiblemente, acaso **seguramente**

rabia furia, ira, cólera **calma, serenidad**

rabieta berrinche, pataleta **sosiego, tranquilidad**

rabo cola

ración cantidad, porción

racional lógico, razonable, justo **irracional**

radiografía rayos x

raído ajado, gastado, usado **nuevo**

rama extremidad, miembro, brazo

rancio añejo, pasado, viejo **fresco**

rango grado, clase, posición, categoría

rapaz 1. depredador, cazador 2. muchacho, joven

rápido veloz, pronto, ligero, raudo **lento**

raptar secuestrar, robar

raramente ocasionalmente, a veces **siempre**

raro único, extraño, singular, extraordinario **común**

rascar raspar, arañar, rasguñar

rasgadura rotura, desgarrón

rasgar desgarrar, romper

rama

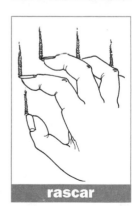

rascar

ratero

real

receta

raspar rascar, raer, rasar, rozar

rastro pista, huella

ratero ladrón, carterista, caco

rato instante, lapso, momento

raya línea, trazo

rayo destello, luz, resplandor

raza linaje, abolengo, casta

razón 1. motivo, causa 2. juicio, inteligencia

reaccionar responder, contestar

real genuino, verdadero, auténtico, actual
falso

realizar hacer, efectuar, cumplir

reanimar confortar, alentar, animar **deprimir**

rebajar disminuir, reducir, descontar
aumentar

rebelarse desobedecer, desafiar, amotinarse
obedecer

rebosar desbordarse, derramarse

receta prescripción, instrucciones

rechazar rehusar, excluir, eliminar **aceptar**

recibir obtener, aceptar, tomar **dar**

reciclar recuperar, recircular

reciente nuevo, moderno, actual   **viejo**

recitar contar, relatar, narrar, declamar

reclutar alistar, inscribir, matricular

recobrar recuperar, mejorar, rescatar, reconquistar   **perder**

recoger reunir, juntar, acumular, recolectar **botar**

recomendar sugerir, aconsejar, advertir

recompensa premio, remuneración, regalo

reconocer distinguir, identificar, recordar **desconocer**

reconocido agradecido

recordar acordarse, memorar, evocar   **olvidar**

recorrer caminar, andar, atravesar

recreo entretenimiento, pasatiempo, diversión

recto 1. justo, íntegro, imparcial, sincero **injusto** 2. derecho, directo   **torcido**

recuerdo 1. memoria, evocación 2. regalo, obsequio

recuperarse recobrarse, aliviarse, mejorarse

recoger

recompensa

recorrer

113

red

refinado

regar

red 1. malla, rejilla, enrejado 2. organización, sistema

reducir acortar, disminuir, restringir **aumentar**

reemplazar substituir, cambiar, suplir **mantener**

refinado elegante, distinguido, delicado **tosco**

reformar 1. modificar, cambiar, alterar 2. mejorar, corregir

reforzar fortalecer, aumentar **debilitar**

refrigerar helar, enfriar, refrescar **calentar**

refugio amparo, asilo

regalo obsequio, agasajo

regañar 1. reprender, gruñir **alabar** 2. reñir

regar rociar, irrigar, mojar

regio suntuoso, magnífico, espléndido, majestuoso

región distrito, área, sección, territorio, vecindario, zona

regir gobernar, dirigir, reinar, mandar

registrar alistar, matricular, inscribir

regla norma, método, panta, guía

regresar volver, retornar **partir**

regular 1. común, ordinario, usual, familiar, típico, normal **irregular** 2. ajustar, ordenar

regularizar regular, reglamentar, metodizar, uniformar

rehuir evitar, eludir **buscar**

reinar gobernar, dirigir, regir, mandar

relacionar corresponder, enlazar, coordinar

relajar descansar, aflojar **tensar**

relatar contar, narrar, recitar, referir

relieve saliente, prominencia

religión creencia, fe, dogma, culto

remar bogar, navegar

remedar imitar, copiar

remedio medicamento, medicina, cura, tratamiento

remitir enviar, mandar **recibir**

remojar empapar, mojar, regar **secar**

remolcar arrastrar, halar **empujar**

remoto lejano, distante, alejado **próximo**

remover 1. mover, trasladar 2. quitar, eliminar **dejar**

remar

remolcar

remoto

reparar

resbalarse

rescatar

rendirse entregarse, ceder

rentar alquilar, arrendar

renunciar desistir, abandonar **poseer**

reñir 1. regañar, reprender 2. pelear, luchar **amistar**

reparar arreglar, restaurar, componer **dañar**

repartir 1. distribuir, entregar **recibir** 2. clasificar, ordenar

repentino súbito, imprevisto, inesperado

repetición 1. insistencia 2. reproducción

repisa estante, anaquel

replicar contestar, responder

reposo calma, quietud, descanso, sosiego **actividad**

reprochar censurar, criticar, reprobar **elogiar**

requerir pedir, necesitar, solicitar

resbalarse deslizarse, escurrirse

rescatar librar, liberar, redimir, recobrar

resecar marchitar, secar **remojar**

resfriado catarro, constipado, resfrío

resguardar proteger, amparar, defender

residir vivir, habitar, alojarse

resolver solucionar

respaldar apoyar, ayudar, sostener, patrocinar **atacar**

respeto consideración, atención, admiración

resplandeciente brillante, radiante, deslumbrante, destellante **opaco**

responder contestar, replicar **preguntar**

restar quitar, deducir, sustraer **sumar**

restaurar restablecer, reparar, reponer, recuperar

resto sobrante, residuo, saldo

restricción limitación, impedimento **permiso**

resultado consecuencia, efecto

resumen sumario, compendio, sinopsis, síntesis

retar 1. desafiar 2. amonestar, regañar

retirar quitar, sacar, alejar, apartar, llevarse **poner**

retirarse jubilarse, irse

resguardar

retar

retirarse

reunión

revolver

riesgo

retorcer torcer, enroscar **alisar**

retornar 1. volver 2. devolver, restituir

retrasar aplazar, diferir, retardar, atrasar **acelerar**

reunión junta, congregación, agrupación **separación**

revelar declarar, decir, confesar, manifestar **esconder**

reventar explotar, estallar, deshacerse

revisar corregir, modificar, rectificar

revivir resucitar, renacer, resurgir

revolución rebelión, motín, sublevación

revolver girar, pivotar, mezclar

rey monarca, soberano

rico 1. adinerado, acaudalado, millonario, acomodado **pobre** 2. sabroso, delicioso

ridículo absurdo, grotesco, extravagante

riesgo peligro, amenaza **seguridad**

rígido tieso, duro **flexible**

riña pelea, disputa, argumento, lucha **paz**

río arroyo, riachuelo, corriente

risa carcajada, hilaridad, regocijo

ritmo armonía, compás

robar hurtar, despojar, saltear

robusto grueso, gordo, corpulento, obeso, pesado **flaco**

roca piedra, peñasco

rociar regar, mojar, esparcir

rodar 1. girar, rotar 2. moverse, avanzar

rodear cercar, encerrar, bordear

rogar pedir, implorar, suplicar

rollizo redondo, grueso **flaco**

romper quebrar, fracturar, rasgar, destruir

ropa vestido, traje

rotación giro, vuelta

roto quebrado, fracturado, desgarrado **intacto**

rótulo letrero, título, cartelón

rotundo completo, terminante, categórico

rozar raspar, rasar, frotar

río

ropa

roto

ruina

ruta

rudo grosero, vulgar, torpe, tosco, basto
cortés, refinado

ruego súplica, petición

ruido sonido, rumor, bulla, estruendo
silencio

ruin 1. pequeño, despreciable 2. bajo, vil

ruina destrozo, destrucción, bancarrota

rumbo dirección, camino, derrotero

rumor chisme, murmullo

rural campestre, campero

ruta camino, vía, trayecto, recorrido

sabio instruido, entendido, culto **ignorante**

sabor gusto, paladar, impresión

sacudir mover, agitar, golpear, emocionar

sagaz astuto, prudente, precavido **simple**

sagrado santo, divino, sacro **profano**

sala salón, habitación, aposento, pieza

salario pago, jornal, sueldo

salida 1. abertura, paso **entrada** 2. partida, marcha **llegada**

saltar brincar

salvaje tosco, rudo, bruto **educado**

salvar librar, liberar, proteger, emancipar **subyugar**

sanción 1. ley, norma, decreto 2. multa, castigo

sanear purificar, limpiar

sanitario higiénico, limpio **sucio**

sano saludable, bueno **enfermo**

sarcástico irónico, satírico

satisfecho 1. contento **insatisfecho** 2. harto **hambriento**

saturar colmar, satisfacer, llevar

sacudir

salvar

seco

sediento

seguir

sazonado sabroso, rico **insípido, insulso**

sección porción, parte, sector, corte

seco árido, estéril **mojado**

secreto oculto, privado, callado, silencioso **público**

secuela consecuencia, efecto

secuestrar retener, encerrar, raptar

sediento deshidratado, deseoso, ansioso

segar cosechar, cortar

segmento porción, división, fragmento

seguir 1. acompañar, continuar 2. perseguir, acosar

seguro 1. firme, sólido **inseguro** 2. protegido, guardado

seleccionar elegir, escoger

selecto escogido, superior

sellar 1. estampar, firmar, timbrar 2. tapar, cerrar, cubrir

semejante 1. parecido, similar **diferente** 2. idéntico, igual **desigual**

sencillo 1. simple **complejo** 2. modesto, natural **engreído**

sensacional magnífico, espléndido, emocionante

sensible impresionable, sensitivo, emotivo **rudo**

sentir percibir, concebir, apreciar, comprender

señal marca, muestra, indicación

separación división, desunión

separación

separar apartar, aislar, alejar, desunir **juntar**

sereno quieto, calmado, pacífico, tranquilo **ruidoso**

serio 1. respetable, formal **frívolo** 2. solemne, triste, sombrío, grave **alegre**

sermón amonestación, reprimenda, regaño

serpiente culebra, víbora, sierpe

sermón

sesión reunión, junta

severo riguroso, duro, inflexible, rígido **indulgente**

siesta sueño, descanso, reposo **vigilia**

silencioso callado, taciturno, mudo **ruidoso**

simpatía afinidad, atracción **antipatía**

simpático agradable, atractivo

siesta

sismo

sobresalir

socorro

simple 1. fácil, elemental, sencillo **complejo** 2. desabrido, soso, insípido

sincero honrado, verdadero, franco, veraz **falso**

siniestro 1. triste, funesto 2. desgracia, desastre

síntoma señal, indicio, manifestación

sismo terremoto, temblor

sistema método, modo, manera, estilo, procedimiento

sitio lugar, paraje

situación estado, condición

sobrante ganancia, resto

sobrenatural metafísico, milagroso, divino **natural**

sobresalir destacarse, distinguirse

sobresaltar asustar, alterar, turbar

sobrevivir vivir, durar, perdurar, quedar

sociable afable, cordial, amistoso **antisocial**

socorro ayuda, auxilio, apoyo

sofocar 1. apagar, estinguir 2. asfixiar, ahogar **revivir**

soleado claro, luminoso **sombrío**

solemne grandioso, formal, imponente

solicitar pedir, exigir, rogar

sólido firme, fuerte, duro **fluido**

soltar 1. desprender, desasir 2. liberar

soltura agilidad, facilidad, desenvoltura

solución respuesta, resolución, resultado

sombrío 1. triste, melancólico **alegre** 2. oscuro, apagado **luminoso**

sonoro ruidoso, resonante **silencioso**

soportar 1. sostener, aguantar 2. sufrir, resistir

soporte apoyo, sostén

sorprender asombrar, pasmar, admirar

sosegar serenar, calmar, apaciguar, tranquilizar **alarmar**

sospechar dudar, desconfiar, presumir **confiar**

sostener 1. apoyar, ayudar, mantener 2. sujetar, aguantar

suave 1. liso, pulido **áspero** 2. dulce, agradable

subir trepar, escalar, ascender **bajar**

soleado

sombrío

sostenerse

sueldo

sueño

sujetar

súbito repentino, inesperado, imprevisto

suceder producirse, ocurrir

suceso acontecimiento, ocurrencia, sucedido, hecho

sucio manchado, mugriento, tiznado **limpio**

sudar transpirar

sueldo jornal, salario, pago, paga

suelo piso, pavimento, superficie

suelto 1. ágil, diestro 2. flojo, holgado **apretado**

sueño ambición, deseo, ansia, anhelo

suerte azar, ventura, fortuna

suficiente bastante, asaz **insuficiente**

sufrimiento pena, agonía, dolor

sufrir padecer, aguantar, soportar **gozar**

sugerir insinuar, aconsejar

sujetar tener, asir, agarrar **soltar**

sujeto 1. individuo, persona 2. asunto

suma total, adición **resta**

sumario resumen, compendio, sinopsis, síntesis

suministrar proporcionar, dar, proveer, entregar

sumisión respeto, obediencia **desafío**

superior 1. mejor 2. excelente, excepcional

supervisar vigilar, inspeccionar

suplir 1. completar 2. reemplazar

suponer creer, pensar, estimar

surgir 1. salir, aparecer, manifestarse
2. destacarse, sobresalir, descollar

suspender 1. colgar, tender 2. parar, detener, interrumpir **continuar**

suspenso 1. perplejo, desconcertado
2. admirado, embelesado **indiferente**
3. ansiedad, impaciencia, expectativa
tranquilidad

susto sobresalto, sorpresa, miedo

sutil tenue, delicado

sumisión

suspender

taberna cantina, bodega, bar

tacaño avaro, mezquino, mísero   **generoso**

taladrar agujerear, perforar, horadar

talento aptitud, ingenio

tamaño porte, dimensión, volumen, magnitud

tapa cubierta, funda, forro

tapete alfombra

tardar demorar, retrasar

tardo lento, calmoso, pausado **rápido**

tarea faena, labor, oficio, quehacer

tarifa tasa, coste

tartamudear tartajear, balbucear

tasar estimar, apreciar, valorar

tedio aburrimiento, hastío, fastidio

tejido tela, género, lienzo, paño

televisar emitir, transmitir

tema materia, asunto, tópico

temblar estremecerse, tiritar

temerario atrevido, imprudente, osado
temeroso

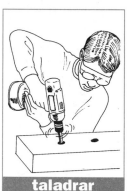

taladrar

televisar

temeroso tímido, miedoso **osado**

temor miedo, alarma, inquietud **valor**

tempestad tormenta, temporal, borrasca

tender extender, desplegar, colocar

tener poseer, sujetar, sostener **carecer**

tentar 1. seducir, atraer, excitar **disgustar**
2. palpar, tocar

tentativa intento

tenue 1. delgado, fino **grueso** 2. delicado,
sutil **tosco**

teñir pintar, colorear, matizar

terapia tratamiento, curación

terco obstinado, testarudo, tenaz, inflexible
flexible

terminar acabar, finalizar, concluir, rematar
empezar

ternura cariño, afecto, amistad **desprecio**

terremoto seísmo, temblor

terreno tierra, campo

terrible horrible, espantoso, temible

territorio comarca, región, nación

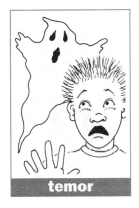
temor

tempestad

tentar

tesoro

tímido

tirar

terror horror, espanto, miedo, pánico **paz**

tertulia reunión, junta, asamblea

tesoro fortuna, riqueza

tétrico triste, melancólico, sombrío **alegre**

tienda almacén, despacho, negocio

tierra 1. terreno, campo 2. mundo, globo

tieso firme, rígido, inflexible **fláccido**

tímido vergonzoso, temeroso, medroso **osado**

timo estafa, fraude, robo

tinte color, tintura

típico característico, peculiar **único**

tipo categoría, clase, grupo, especie

tirano dictador, déspota

tirar lanzar, arrojar, disparar

tiritar temblar, vibrar, agitar

tirón sacudida, estirón

título nombre, letrero, rótulo

tiznar manchar, ensuciar **limpiar, asear**

tocar   palpar, tentar

tolerar   1. soportar, aguantar, sufrir   2. aceptar, admitir   **rechazar**

tomar   1. coger, asir   **dejar**   2. beber

tónico   estimulante, reforzante

tonto   necio, torpe, estúpido   **inteligente**

tópico   asunto, tema, materia

torcer   retorcer, doblar, desviar   **alisar**

tormenta   tempestad, temporal, borrasca

tornado   huracán, ciclón, tifón

torneo   justa, certamen, lucha

torpe   rudo, basto, tosco, vulgar   **diestro**

tortura   agonía, dolor, sufrimiento, tormento

tosco   salvaje, bruto, grosero   **refinado**

total   completo, entero, todo   **parcial**

tóxico   venenoso, ponzoñoso

trabajo   labor, oficio, faena, quehacer, ocupación **descanso, inactividad**

trabar   1. juntar, unir   **separar**   2. dificultar, obstaculizar   **facilitar**

tradición   costumbre, hábito, uso

tocar

torcer

tóxico

trampa

transportar

trasero

traducir interpretar, explicar

traer 1. llevar, transportar 2. producir, causar

trágico triste, desgraciado, desafortunado
cómico

traje ropa, vestido

trampa treta, engaño

transferir trasladar, mover, llevar

tranquilo sosegado, calmo, sereno
intranquilo

transformar cambiar, convertir

transpirar sudar

transportar trasladar, llevar, traer, cargar

trasero posterior, detrás   **delantero**

trastorno desorden, perturbación, sobresalto

tratado convenio, arreglo, pacto, acuerdo

tratar atender, asistir, manejar

travesía viaje, expedición, trayecto

travieso inquieto, revoltoso

trazar dibujar, delinear, pintar

trecho espacio, distancia

tregua armisticio, descanso, pausa

tremendo inmenso, enorme, gigante, colosal
pequeño

tren ferrocarril

trepar encaramar, subir, escalar, ascender **bajar**

tribu pueblo, clan, grupo

tributo impuesto, carga, contribución

tripulación dotación, personal

triste 1. deprimido, melancólico, pesimista
alegre 2. descolorido, pálido, mustio **vivaz**

triturar desmenuzar, moler, despedazar

triunfar ganar, prevalecer **perder**

trofeo premio, galardón, recompensa

tropa grupo, cuadrilla, escuadrón, ejército

tropiezo tropezón, resbalón, desliz

trozo pedazo, parte, fragmento

tumba sepulcro, fosa

tumulto alboroto, agitación

tunda palmada, paliza

túnel galería, subterráneo, pasaje

turbar alterar, trastornar, perturbar

turbio 1. sucio, revuelto 2. sospechoso

tutor maestro, profesor

trepar

trofeo

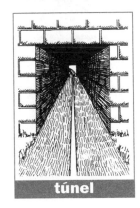

túnel

133

último final, posterior **primero**

ultraje injuria, ofensa, desprecio

unánime acorde, conforme, general

único raro, singular, extraordinario **común**

uniforme 1. igual, semejante, invariable **distinto** 2. traje

unir atar, ligar, juntar **separar, desunir**

universal general, global, total

universo mundo, orbe, globo, cosmos

urgente apremiante, indispensable, impostergable

usado raído, gastado, viejo **nuevo**

usar emplear, manejar, utilizar

uso 1. empleo, provecho 2. hábito, costumbre

usual acostumbrado, común **inusual**

utensilio instrumento, herramienta

útil provechoso, beneficioso, aprovechable **inútil**

último

usado

vacación descanso, reposo, asueto **trabajo**

vacante desocupado, vacío, abandonado **ocupado**

vaciar verter, sacar, desalojar **llenar**

vagabundo errabundo, nómada

vagar errar, vagabundear, holgazanear

vaina funda, envoltura

valiente bravo, esforzado, intrépido, osado **cobarde**

valioso 1. importante, excelente, apreciado **inútil** 2. caro, costoso **barato**

valla cerca, baranda, barrera

valor 1. coraje, valentía **cobardía** 2. costo, precio

vandalismo destrucción, ruina, barbarie **civilización**

vapor gas, vaho

vara palo, bastón, barra

variable 1. cambiante, transformable, mutable **invariable** 2. inestable, inconstante

vaso vasija, recipiente, jarra

vaciar

vaso

vasto

vender

vereda

vasto extenso, ancho, grande, amplio **diminuto**

vaticinar adivinar, predecir

vecindario comunidad, barrio, distrito

vedar prohibir, impedir **permitir**

vegetación plantas, flores

vehemente impetuoso, impulsivo, apasionado, ardiente **tímido**

velar cuidar, asistir, proteger

veloz rápido, pronto, presuroso **lento**

vencer dominar, ganar, aventajar, superar, prevalecer **perder**

vender expender, despachar, comerciar **comprar**

veneno tóxico, ponzoña

venerar adorar, honrar, respetar **despreciar**

ver mirar, percibir, examinar, observar

verdadero real, auténtico, verídico **falso**

vereda camino, senda, ruta

veredicto sentencia, juicio, fallo

vergonzoso 1. indecente, inmoral, bajo, vil **admirable** 2. tímido, apocado **audaz, orgulloso**

verificar examinar, revisar, comprobar, determinar

versión explicación, traducción, interpretación

verter derramar, vaciar

vestíbulo entrada, antesala

vestido ropa, traje, vestimenta

vestir llevar, poner, cubrir **desvestir**

veto oposición, negación **aprobación**

vía camino, ruta, senda, calle

viaje excursión, camino, jornada, visita

vibrar temblar, estremecer, oscilar

vicioso depravado, pervertido **virtuoso**

vida existencia, vitalidad, energía **muerte**

viejo anciano, antiguo **joven, nuevo**

viento ventarrón, brisa

vigilar observar, mirar, otear

vigor energía, fuerza, potencia **debilidad**

vínculo unión, ligazón, atadura **separación**

vergonzoso

vestido

vía

viscoso

volar

votar

violar quebrantar, desobedecer, abusar

violencia furor, brusquedad, furia   **calma**

virtud 1. cualidad 2. capacidad

viscoso pastoso, glutinoso, pegajoso

visión vista, imagen, percepción **ceguera**

vislumbrar ver, divisar, otear

vista visión, panorama, paisaje

vivir 1. existir **morir** 2. residir, morar, habitar

vivo listo, astuto, avispado, despierto **obtuso**

vocear gritar, chillar **callar**

vocero portavoz, representante

volar huir, escapar

voltear girar, volcar

voluble cambiante, inconstante **inmutable**

voluntario libre, espontáneo **involuntario**

volver regresar, retornar **ir**

votar elegir, escoger, seleccionar

vuelta 1. giro, rotación 2. retorno, regreso **ida**

vulgar 1. ordinario, corriente, común **especial**
2. grosero, inculto **culto**

yacer descansar, reposar

yapa bono, extra

yate bote, barco

yermo desierto, estéril, deshabitado **fértil, fructuoso**

yerro error, equivocación, falta

yerto rígido, inmóvil, tieso

yugo carga, opresión, esclavitud

yacer

zafar soltar, desatar

zalamero cariñoso, empalagoso

zambullir sumergir, hundir

zángano holgazán, perezoso, vago **trabajador**

zapatillas pantuflas

zapato calzado

zarandear agitar, mover, menear

zona territorio, área, región, distrito, vecindario

zozobrar naufragar, hundirse

zumo jugo, líquido

zurcir remendar, coser

zurrar pegar, azotar

zurcir

Beatrice Bailey's Magical Adventures
By Sandra Forrester

Beatrice Bailey stories are a combination of fantasy, whimsy, and high adventure guaranteed to keep young readers turning the pages. For Ages 10–14.

From the Reviews:
"Beatrice Bailey is a likeable character, charming without being overly so, and younger readers are sure to enjoy reading about her adventures… see how Beatrice Bailey grows and overcomes her obstacles."

—Science Fiction Chronicle,
    August 2003

The Everyday Witch
ISBN 0-7641-2220-7
Beatrice Bailey is tall, skinny, and about to turn twelve years old. On that birthday she will get her official classification as a witch. Will she be named an ordinary "Everyday Witch" or a specially empowered "Classical Witch"?

The Witches of Friar's Lantern
ISBN 0-7641-2436-6

BARRON'S
www.barronseduc.com

Beatrice and her friends spend time in the village of Friar's Lantern, a town surrounded by eerie swamps and located uncomfortably close to a menacing neighboring village called Werewolf Close.

The Witches of Sea-Dragon Bay
ISBN 0-7641-2633-4
Beatrice and her friends Cyrus, Ollie, and Teddy are taken to a very unusual beach resort, where the waters are filled with sea serpents and monsters.

The Witches of Winged-Horse Mountain
ISBN 0-7641-2784-5
Beatrice learns that good and evil aren't always as clearly defined as she'd once imagined. If she chooses an evil path, she can defeat Dally Rumpe; otherwise, she seems destined to fail.

Each Book: Paperback $4.95, Canada $6.75–$6.95   (#121A) R3/04

BARRON'S
SOLUTIONS Series

This series introduces young, inquisitive readers to four of the world's greatest scientific thinkers and the challenges that faced them. Their achievements, which came through personal dedication and sacrifice, have made profound changes in the world. A truly inspiring gift. (Ages 9–12) Each book: Paperback, 120 pp., 5 3/8" × 8"

 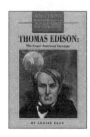 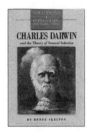 

MARIE CURIE
and the Discovery of Radium, by Ann E. Steinke
Here is the story of the brilliant woman of science who unveiled the mysteries of the element radium. Her discovery pioneered exciting research in the field of radioactivity.
$6.95, Can$8.50, ISBN 0-8120-3924-6

THOMAS EDISON:
The Great American Inventor, by Louise Egan
This brilliant inventor opened many doors to modern technology when he instituted his groundbreaking research laboratory in New Jersey. Here, he brought together scientists whose teamwork foreshadowed modern research methods.
$6.95, Can$8.95, ISBN 0-8120-3922-X

CHARLES DARWIN
and the Theory of Natural Selection, by Renee Skelton
A young Englishman's sea voyage led him to study the unique plants and animals on a remote island paradise. His research led to the theory of evolution, which profoundly changed the science of biology.
$8.95, Can$11.95, ISBN 0-8120-3923-8

ALBERT EINSTEIN
and the Theory of Relativity, by Robert Cwiklik
Einstein's astonishing theory of relativity transformed every aspect of physics—from the study of atoms to the study of stars. Here his "Theory of Relativity" is explained in simple, accurate language that young readers can comprehend.
$6.95, Can$8.50, ISBN 0-8120-3921-1

Books may be purchased at your bookstore, or by mail from Barron's. Enclose check or money order for total amount plus sales tax where applicable and 18% for postage and handling (minimum charge $5.95). NY State and California residents add sales tax. All books are paperback editions. Prices subject to change without notice.

Barron's Educational Series, Inc.
250 Wireless Boulevard, Hauppauge, NY 11788
In Canada: Georgetown Book Warehouse
34 Armstrong Avenue, Georgetown, Ont. L7G 4R9
Call toll-free: 1-800-247-7160

(#49) R 3/04

WIZARDRY, EXCITEMENT, and the Sheer Fun of Learning!

Math Wizardry for Kids
Margaret Kenda and Phyllis S. Williams
More than 200 puzzles, games, designs, and projects bring out the magic of math. Here are fascinating codes, wonderful geometric designs with paper and string, number triangles that do all sorts of tricks, and plenty more. The emphasis is on fun, but the book is also great for classroom projects. A glossary, a reading list, and full-color, how-to illustrations throughout. *Paperback with comb binding,*
ISBN 0-8120-1809-5, $15.95, Canada $22.50

Cooking Wizardry for Kids
Margaret Kenda and Phyllis S. Williams
Here are recipes for tasty, nourishing snacks and meals kids can make by themselves. Here, too, are projects that teach fundamentals of food-related chemistry, as well as herb-growing, nutritional facts, and more. 200 recipes and projects, with how-to illustrations and clear instructions. *Paperback with comb binding,*
ISBN 0-8120-4409-6, $16.95, Canada $22.95

Science Wizardry for Kids
Margaret Kenda and Phyllis S. Williams
Over 200 safe, easy-to-perform experiments teach kids the basics of physics, chemistry, and environmental science. Here are magic tricks with colors, light, new ways to make musical sounds, and lots more. How-to illustrations throughout the book. *Paperback with comb binding,*
ISBN 0-8120-4766-4, $13.95, Canada $17.50

Gardening Wizardry for Kids
Green Thumb Magic for the Great Indoors
Patricia Kite
It's an amazing collection of more than 300 experiments and projects with seeds, herbs, fruit pits, and everything that grows! Whether growing space is an apartment window sill, or an assigned classroom area, these fun learning projects show how to make the most of available space. Full-color how-to illustrations, facts, folklore, and lots more. *Paperback with comb binding,*
ISBN 0-8120-1317-4, $16.95, Canada $23.95

(Books recommended for children, ages 8–12)

(#59) R 3/04

Barron's Educational Series, Inc.
250 Wireless Blvd., Hauppauge, New York 11788
In Canada: Georgetown Book Warehouse
34 Armstrong Ave., Georgetown, Ontario L7G 4R9

Books may be purchased at your bookstore, or by mail from Barron's. Enclose check or money order for total amount plus sales tax where applicable and 18% for postage and handling (minimum charge $5.95). NY State and California residents add sales tax. All books are paperback editions. Prices subject to change without notice.

Critical moments in history become background in dramatic stories for young readers . . .

SURVIVORS

Survivors is a drama-filled collection of short novels about young people caught up in real-life conflicts and disasters. The stories are fiction, but through each young hero's eyes readers gain a deeper understanding of the day-to-day hardships and dangers encountered by people caught up in troubled times. Each book has a brief introduction describing actual historical events that form the background for these compelling stories. *(Ages 10–13) Each book available in both hardcover and paperback editions, 96 pp., Hardcover: $12.95, Can $17.50/Paperback: $4.95, Canada $6.75*

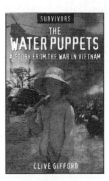

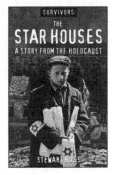

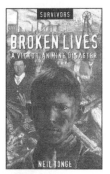

The Water Puppets:
A Story from the War in Vietnam
Clive Gifford
Hardcover: ISBN 0-7641-5531-8
Paperback: ISBN 0-7641-2206-1

The Star Houses:
A Story from the Holocaust
Stewart Ross
Hardcover: ISBN 0-7641-5528-8
Paperback: ISBN 0-7641-2204-5

Broken Lives:
A Victorian Mine Disaster
Neil Tonge
Hardcover: ISBN 0-7641-5525-3
Paperback: ISBN 0-7641-2202-9

Boxcar Molly:
A Story from the Great Depression
James Riordan
Hardcover: ISBN 0-7641-5529-6
Paperback: ISBN 0-7641-2205-3

The Enemy:
A Story from World War Two
James Riordan
Hardcover: ISBN 0-7641-5526-1
Paperback: ISBN 0-7641-2203-7

Only a Matter of Time:
A Story from Kosovo
Stewart Ross
Hardcover: ISBN 0-7641-5524-5
Paperback: ISBN 0-7641-2201-0

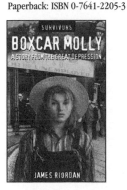

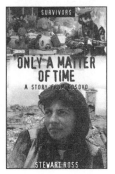

Barron's Educational Series, Inc.
250 Wireless Blvd., Hauppauge, NY 11788
www.barronseduc.com

Available at your local bookstore, or
Order toll-free in the U.S.
1-800-645-3476
In Canada 1-800-247-7160

(#117) R 3/04